Max Grunwald

Die Eigennamen des Alten Testaments

In ihrer Bedeutung für die Kenntnis des hebräischen Volksglaubens

Max Grunwald

Die Eigennamen des Alten Testaments
In ihrer Bedeutung für die Kenntnis des hebräischen Volksglaubens

ISBN/EAN: 9783743484627

Hergestellt in Europa, USA, Kanada, Australien, Japan

Cover: Foto ©Lupo / pixelio.de

Max Grunwald

Die Eigennamen des Alten Testaments

Die Eigennamen des Alten Testamentes

in ihrer Bedeutung

für die

Kenntnis des hebräischen Volksglaubens.

Von

M. GRUNWALD.

BRESLAU.
Verlag von **Wilhelm Koebner** (Inhaber: M. & H. Marcus).
1895.

Behandlung und Verwertung der hebräischen Eigennamen.

Seit den pfadweisenden Arbeiten eines Pott[1]), Kleinpaul[2]) und anderer und im besonderen auf alttestamentlichem Gebiete: von Ewald,[3]) Redslob,[4]) Olshausen,[5]) Nestle[6]) u. s. w.[7]) gewöhnt man sich immer mehr daran, die Eigennamen eines Volkes mit in den Kreis der ethnologischen, linguistischen und religionsgeschichtlichen Betrachtung hineinzuziehen. In ihnen liegt eines der ältesten Zeugnisse des Volksgeistes vor uns; von dem Geschlechte der lebenden Sprache kaum noch verstanden, sind sie oft Felsblöcke in dem Strome der Ueberlieferung, um welche sich zahlreiche Strudel falscher Etymologien und daraus wieder neue Sagenkreise bilden.[8]) Wie unschätzbar müssten darum für

---

[1]) Z. (Abbr. für. Zeitschrift der deutschen morgenländischen Gesellschaft), Bd. 24 S. 121 fg. und bes. „Personennamen".
[2]) „Eigennamen".
[3]) Im zweiten Bd. der „Geschichte Israels".
[4]) „Die alttestam. Namen der Bevölkerung des . . . Israelitenstaates".
[5]) In seiner hebr. Grammatik.
[6]) Die israelit. Eigennamen nach ihrer religionsgeschichtlichen Bedeutung Harlem 1876.
[7]) z. B. Hohlenberg, fragm. libri nominum hebraicorum antiquiss. p. VII sq. u. a.
[8]) Vgl. im Allg. Pott, Personennamen 16, 29 u. a. Gervinus, Gesch. der deutsch. Dichtung 1853 I. S. 184; für die Römer: Gesenius, Gesch. d. hebr. Sprache 43 fg. und Movers, Phönicier II 1,50; für die Araber: Z. 23, 302. 37, 368⁴. 40, 285; für die Assyrer: Hommel, Geschichte Babyl. S. 434 fg.; für die Hebräer: Vater, Commentar 3. 666. Gesenius, Gesch. 43. 44. Ewald, Geschichte² II 204³ u. a., Tuch, Genesis 175. Caspari. Micha 20. 29. Gesenius, Lehrgeb. 521. Geiger, Urschrift 199. Goldziher, der Mythus bei den Hebräern 41 u. s. Wellhausen, Prolegom. 199, 248, 345². Stade, I Geschichte 124, 127¹. De Wette-Schrader, Einleitung⁴ 266.

die Wissenschaft diese Trümmer einer längst verflossenen Geschichtsperiode sein, wenn sie nur nicht oft gar zu zerbröckelt und von ungeschickter Schreiberhand verstümmelt auf uns gekommen wären! Dies ist sicherlich mit zu den Schwierigkeiten zu zählen, welche nach Lessing „einem Manne, der nicht gern auf Treibsand baut, das antiquarische Studium von Zeit zu Zeit zuwider machen."[1])
Für die hebräischen Eigennamen hat auf diesen Uebelstand schon Ewald[2]) aufmerksam gemacht. Ihren richtigen Sinn zu ermitteln, erschwert vor allem häufig die Unzuverlässigkeit der Masora,[3]) zumal wo die alten Uebersetzungen einen anderen Text wiedergeben, ferner der Archaismus[4]) der grammatikalischen

Schon Ewald l. c. bemerkt, dass Personennamen nur noch in den BB. Samuelis, Ortsnamen vereinzelt noch in den BB. Reg. gedeutet werden. In Ezra und Nehemia findet sich nichts dgl. (vgl. Gen. 3,20. 4,25. 16,11. 17,5. 21,6 21,31. 22,14. 25,25. 26. 26,20. 21. 22. 29,32 fg.. 30,6. 8. 11. 13. 18. 20. 24. 31,49. 32,3. 29 fg., 33,17. 35,18. 38,29. Exod. 2,10. 22. 15,23. 17,7. Ri 6,32. 1. Sam 1,20. 4,21. 2. Sam. 5,20. 6,8. 1. Kön. 16,24. 2. Kön 23,13. (הר המשחה aus הר המשחה), Zach. 6,12. 1. Ch. 4.9. 14. 7,23. 14,11 u. v. a.)
Dagegen ist in der nachbiblischen Zeit wieder vielfach eine üppige Wucherung solcher Deutungen wahrzunehmen, so vor allem in der Haggada (vergl. Zunz, Gottesdienstliche Vorträge[2] S. 327, Z 24,207. 31,157. 292. Berliner, Beiträge zur hebr. Gramm. S. 32, Goldziher a. a. O. 40 fg. Besonders liebt sie R. Šime'on ben Lakiš, vgl. Bereš rabb. zu 1. Mos. 5 29, ferner B. bat. 15a, 16a, 17a, 20b, 25b, 91b, 143b; Ber, 55a, Kidd. 69-70; Gitt. 7a, 56b, 56-57, 58a; Ned. 55a; Sot. 11-12, 34b, 36b, 42b; Šabb. 56a-b, 89a-b; Pes. 86a-b; Mišn. Šekal. 5.
Ueber ähnliche Behandlung der nomina propria bei den LXX vgl. Frankel, Vorstudien S. 96; Köneke, die hebr. Eigennamen in d. LXX S. 6; bei Josephus: Gesen. Gesch. 81, Stade, Ztsch. Bd. 3, S. 35 38; bei Philo: Gesen. l. c. S. 83 und Siegfried, Philo S. 190—196 u. v. a ; sonst noch z. B. Leusden, Philologus 333 u. a.

[1]) Werke, Ausg. Grimme u. Trömel 1883 Bd. V, 357.
[2]) Geschichte[2] I S. 26.
[3]) Vgl. Nestle a. a. O. 164[2], 195 fg. Olshausen, Gramm. S. 139, 576. Stade, Gramm I 93. Bötticher, Lehrbuch I 285. Ewald, Lehrbuch 573. Gesen. Gesch. 180 217. Stade, Ztsch. 1891 S. 127[4] 131[5], Rev. (Abbr. für Revue des études) juives 1882 p. 165, 171. Z. 33, 330. Bleek-Wellh. Einl.[4] 75 u. a. Andererseits vgl. z. B. die masoretische Schreibung des Tiglatpileser mit der gleichen Namensform auf den Sendschirlistatuen.
[4]) Rev. 1882 p. 166, tom. 11 p. 110 Gesen., Thesaurus 1446. Ewald, Lehrbuch 491. 312. Ew., Gesch.[2] I 202. Hommel a. a. O. 372[5].

Form und des Wortschatzes, welcher manche Wurzeln aufweist, die uns sonst aus dem Hebräischen nicht bekannt sind, sei es wegen der Knappheit der überlieferten Texte, oder aber, falls man nicht anders frühzeitige Entlehnungen aus dem Aramäischen und Arabischen[1]) annehmen will, weil die Bildung dieser Eigen-

---

[1]) Vgl. Bildungen wie אסתמה ,אסיאל u. v. a. Zu נשיר (phönik נשר nom. propr. bei Bloch. phön. Glossar) s. Gesen. Gesch. 49; zu נלסד Z. 27, 355 u. s. f. Formen wie ישים· ישין (vgl. Stade, Ztsch. 3,55. 6.7. Dietrich. Abhdl. zur hebr. Gramm. S. 139) hält Giesen. Gesch. 49 für aramäisch, dsgl. אוביל, dazu sind auch zu zählen: סירא· סלא u. ä., סלמן für צלמן ·סרריאל für עוריאל, die Namen m. eingeschob. : wie חסבניה =· חסביה vgl. phön. CIS 43c סורנאל, (über ס in אבימאל s. Hommel. Südar. Chr. 16). ferner Bildungen wie מהיסבאל· משירבאל (vgl. assyr. Mušizib), wie בריך für ברכיה (vgl. nabat. ·מקים für מקמאל, nab. u. Karthag. s. Euting. nab. Insch. S. 24), אמר. סני. בני. סקיב. אלוא. ירים. מלך. חנן. חסיב. סויר. צדוק. רחוב. סמיק. עמיק. Ueber ס am Wortanfange =· * (über dieses letztere s. Ewald. Gesch.³ I 383. Ewald. Gramm. § 162a. Tuch. Genes. 331 ¹. Z. 37.15; üb. יהיבש = בניה· wie 5. Barth. Nominalbild. I 19³) vgl. Olshausen a. a. O., am Wortausgange Zunz 20,230². 27,312. Levy. Siegel und Gemmen S. 23,31: über ס für ה in אביה vgl. Ligthfoot, horae talmud. T. I 79 „quasi eo indignus sit". Zu ן, am Ende vgl. Rev. 9,7; Essays in biblical Archeol.. Oxford p. 211. Rev. I. c. u. a.; ôn in ô s. Tuch I. c. 471. Z. 15, 806⁴; ‾ am Wortauslaut s. Movers. Phön. II 1. 502. Gesen. Thes. 252. 257. Auffallender Weise erscheint oft als Genusendung des Mascul. das später für das Feminin. (vgl. hierüber Ewald. Gramm. 494) gebräuchliche ת (vgl. Bleek-Wellh. ⁴ 525. Gesen. Gramm.²⁴, 178. Rev. 1882 177, 1880 58². Z. 15 807. Ewald, Gramm. 501; zu ת am Anfange vgl. Z. 11, 69 u. a.), so in צרת. סברת. ספרת. קהלת. Gerade das letztere nom. propr. schliesst die Möglichkeit der Erklärung als Amtsnamen (vgl. Bleek l. c.; für das Arabische und Aethiop. s. Dillmann. aeth. Gramm. § 133) aus. Eine ähnliche Erscheinung zeigt sich auch im Griechischen (vgl. Gronovius, Thesaur. Autor. Graec. vol. III). Ebenso wenig ist etwa mit Simon, Onomast (s. v. הסרת) an eine Namensübertragung von der Mutter auf den Sohn (wie etwa in Mamilius, Vespasianus u. a.) zu denken. Es wäre dies dann eine Hindeutung darauf, dass früher bei den Hebräern auch das Matriarchat bestanden hat, wie es bei den Aegyptern, Griechen (vgl. die Schwesterehen u. a.) und anderen alten Völkern nachweisbar ist und noch heute vielfach gilt (vgl. Waitz-Gerl., Anthropologie V 110, 793, V 2, 105; für die Semiten vgl. Z. 40, 145, 153 fg., 172, 740². Euting, nab. Insch. 30. Nach dem väterlichen Oheim ist 'Ahaz, Sohn der Ataljah, nach der Familie der Frau Barzilai Ezr. 2,61, wie bei den Juden, die auch nach der Mutter heissen können (vgl. Kayserling, Jüd. Frauen): Sirks, Edels, Taubeles u. ä., benannt. Auffallend ist ferner im Alten Testament die Er-

namen in einer Zeit anzusetzen ist, wo das Hebräische noch nicht so deutlich von den verwandten Mundarten geschieden war.

wähnung der Königsmütter, selbst wenn von ihnen ausser dem Namen nichts weiter überliefert wird. Ueber das Erbrecht der Töchter s. Stade, Gesch. 1408 und Ritter, Philo und die Halacha 97. Für die spätere Zeit hingegen vgl. die Benennung nach dem väterl. Oheim bei Kis 1, Ch. 9,36, den Ausdruck bêt 'abôt und Bab. bat. 109b).

Allein das Auftreten der sog. Femininendung an Männernamen aus später Zeit (vgl. phönik. nom. propr. masc.) חנת, תחנה (?), und gar ארשמבעל bei Bloch l. c. muss jedenfalls einen anderen Grund haben. Dieses ח (ה findet sich inschriftlich aus der 1. Hälfte des 8. Jahrh. in der Siloainschrift) bezeichnet das Abstractum und das Collectivum, ist somit ein Beleg dafür, dass zum nom. propr. ursprünglich der Begriff in seiner Allgemeinheit verwendet wurde (vgl. darüber Ibn Ezra bei Löw, graphische Requisiten S. 60; Simon, Onomast. p. 40; Bochart, Canaan p. 801; Stade, Gramm. §§ 378a b, 435b, 505, 543, 553a, 598a, 614c, 619³g. h, 623a, 625a, 632, 635; Strack, hebr. Gramm. § 18; Nöldeke in Ber. d. Berl. Ak. d. W. 1882 S. 1178; Oppert, Éléments de la gramm. assyr. 1868: §§ 42. 55, 81, 115, 210- -213, 220, 229; Journ. Asiat. XV p. 170; Rev. 1892 p. 106: Dillmann, äth. Gramm. § 127; Caspari, arab. Gr. 1866: S. 119 § 288 Z. 24 115, 37 362: Bleek 4 633; Morgenl. Forschungen 193: E. Meyer, Bedeutung des Plural S. V, XLIV u. sonst).

Manches in lexikalischer Hinsicht Auffallende (Scheidius findet allein in den mit א anlautenden nomina propria dreissig sonst ungebräuchliche Stämme) mag sich auch dialektisch begründen lassen, so בתיאל für בתואל, ברות für ברית, ערמיאב (vgl. Z. 37.398) u. a. Wir haben sonst ausser dem bekannten שבלת so gut wie gar keine Zeugnisse für mundartliche Unterschiede in der hebr. Sprache (vgl. Kieslingius, de Dial. Ling. Ebr., A. Geiger, Nachgelass. Schriften II, S. 45).

Ueber den Dialekt um Jerusalem herum vgl. Neubauer in Essays in bibl. Arch. 61 fg.; Frankel, Introductio in Talm. Hierosol. f. 7 fg. Zu beachten ist jedenfalls die Wiedergabe der hebr. nom. propr. im Neuen Testament und bei Josephus, im Besonderen die Betonung. Wir finden ב und כ als β, mit Dag. forte (Mark. 7,51) ββ; כ = χ, ר ‒ ϱ, ה bei den Galiläern (Mark. 7,34 הפתח ἐφφ). Mat. 21,9, Apoc. 16,16 vgl. Josephus כהנא (bei Neubauer l. c. 62), nicht ausgesprochen, ז ‒ ζ Mat. 12,24, ח desgl. Mat. 26,2, Mark. 7,34 ἐφφαθώ, Joh. 4,25 משיח . Μεσσίας, Act. 1,19. חקל ‒ ἀχελ (bei Joseph. Ζ in חנירא); ס ‒ σ Act. 9,36, סבתיא Mark. 5,41; Mat. 4.10; ' = ι Act. 13,6, Mat. 16,17; ב = z סביה Luk. 1,15, כיס Joh. 1,43 (Joseph. Ζ in כהוא); ל ‒ λ Mat. 12,24 (ausgel. ib. 27,33 גלגלתא vgl. Kautsch, aram. Gramm. S. 11); מ ‒ weggel. Mat. 3,22 משה; משא ‒ μμ, Mac. 6,24; נ ‒ ν in הישטנא; ס ‒ σ Act. 1,23; פ ‒ φ Mat. 3,7, π ib. 26,2, צץ Mark. 7,34, ζ Joh. 1,43; צ ‒ σ Josephus in נצרצי; ק ‒ χ Mat. 27,46. א in קרבן Mark. 3,22, 7,11, Act. 1,19; ר = ϱ Mat. 3,7, 22; ϱϱ in Σάρρα Röm.

Schliesslich kommen hier noch, was wir oben bereits angedeutet haben, die Verstümmelungen¹) einzelner nomina propria in betracht.

4,19 (LXX Σαρα); ש ג Mat. 3,7. 21,9; ת — θ Mat. 27,33. 27,46; Mark 3,41. 7,34. Joh. 10,13. ᾽ nur in חומא Mark. 10,40. Ferner zeigt sich א als a Mat. 3,7 — Φαρισαῖος, ib. 10 (u. Joh. 1,43), σατανᾶς, 3,22 קא = ἀκά, 24 μαμμωνᾶ, Joh. 1,25 Μεσσίας, Joseph, בהנא — ας; ט — ב Mat. 12,24 in בעל, α Mat. 21,9. γ Mark. 3,17 (vgl. auch die englische Ausspr. gnal על bei Ligtfoot u. a.). Zur sonstigen Ausspr. der Vokale vgl. Šewa mob. als α Act. 1,19. 9,36, Apoc. 16,16, Joh. 19,13, Mat. 3,7. 27,46; ε ib. 7,24; οα in Βοανεργές; das Šewa quiesc. als ε Luk. 1,15, ο Mat. 10,3 — Θολομ. sonst gar nicht angedeutet z. B. Mat. 26,2 u. a; a als α ib. 21,9. 23,7; ε Mat. 12,24. Mark. 3,17. Joh. 5,2. α u. ι in ὀζιὰ Act. 1,19, ο Mat. 10,3; ä als αἰ Mat. 3,7; e als ε Mat. 3,22 Mark. 3,17. η Act. 13,6 Mat. 27,16; i als ε Mat. 3,22 Mark. 7,34, ι Mat. 3,7 Apoc. 16,16 plene — ει Josephus חנירא: ô — ω Mat. 6,24. 16,17 21,9, ου Mark. 10,51, Apoc. 9,11. 16,16; û ου Mat. 12 24. ω Joseph. אדימא; u. — ο Mat. 27,33.

¹) Solche Verstümmelungen finden sich schon an einfachen nom. propr., so steht nach Halévy Rev. 1885 p. 3 fg. ב für אב, wie im arab. Bu-Bekr, (ם für אם in מיבל?); ferner für ב ? in בשלם, בלשן; dagegen ist בר in בדיה neben עבדיה jedenfalls nicht aus עבד (so z. B. Ges. Thes. 74 und J. As. 1869 496) verkürzt; denn einmal finden wir dieses בר im Phönikischen (vgl. ברדסתי, ברצגם; ברתנת neben אסתנת.חתנת.צרתנת. bei Bloch l. c.) in ברמלקרת. dessen Sohn עבדמלקרת genannt wird. Ferner kennen wir im Assyr. einen Pudi-ilu (vgl. E. Meyer, Gesch. d. Altert. I. 327; nicht Padailu, vgl. K. B. | Keilsch. Biblioth.| II S. 21. Budu-ilu 149.173. Budi-ba'al und KB. I 173) aus dem vierzehnten und daneben einen Abdi-milkuti (KAT) aus dem siebenten Jahrhundert. Dieses בר ist vielleicht mit „Fürst" vgl. Hos. 11,6 u. a. zu übersetzen (vgl. CIS 108 ברצגם – צבעבעל) oder es hängt mit dem aram. בער in Hubi'd (vgl. אלבד Levy, Siegel 25 aus Syrien, falls nicht אלבריקד) zu lesen ist, הרבער ib. 8. 7; hebr.? ברקר vgl. ?קריאאל in Sendjirli. ברד ?? ברד ?) zusammen.

Weit häufiger finden sich Verstümmelungen bei den zusammengesetzten Namen (vgl. für das Babyl.: Peiser-Kohler, babyl. Vorträge S. 228²), in welchen die Zusammensetzung manchmal noch durch die getrennte Schreibung der Bestandteile offen zu Tage tritt (vgl. Gesen. Lehrgeb. 520; zu den Compos. im Allg. Rosenmüller, altes und neues Morgenland 1839. 3, 85; Rev. 1882. 161. 172 fg.; Ewald, Lehrbuch 672; Z. 37,17). Zunächst ist oft die Verbindung eine so enge, dass der Schlusskonsonant des ersten Wortes unterdrückt wird. so in אלמלך (vgl. Ἐλ-μάλαζο; BAK [Ber. d. Berl. Ak. d. W.] 1880 S. 762) אלתמלך vgl. phönik. בעלשמן (Rev. 9,181) אאלרישמא שמוא/ש)ארפא מליבקרת. Sodann fehlt in den nom. propr., welche nach dem Muster der assyr. Sin-ahi-irib, Assur-ahi-iddin, Assur-nadin-su, Irib-ahi-bil (vgl. Acad. des Inscript, 1887

Abgesehen aber von letzterem Umstande, liegt es auf der Hand, dass die Eigennamen zunächst, als zu den ältesten Bestandteilen der Sprache gehörend, ein zuverlässiges Zeugnis ablegen können bei der Scheidung der Quellen und der Beurteilung der verschiedenen Schriftsteller des alten Testamentes.[1]) So ist man bekanntlich längst auf den Wechsel der Gottesnamen יהוה und אלהים aufmerksam geworden, so besteht ferner eine Eigentümlichkeit des Elohisten in der Deutungssucht, ein Merkmal des Jahwisten in der Häufung von Namen. Auffallen müssen sodann die nomina propria in Numeri, welche einen ausgesprochen aramäischen Charakter aufweisen und sich sonst nur in den spätesten Stücken des alten Testamentes und zum Teil in der nachbiblischen Litteratur finden.

Wichtig sind für unseren Zweck aber vor allem die Veränderungen, welche sich mit einzelnen Namen bei einem und demselben Objekte vollzogen haben. So ist es für den Chronisten bezeichnend, dass er ein nom. propr., welches als Appellativ der lebenden Sprache nicht mehr geläufig ist, durch den neueren Wert ersetzt.[2]) Diese Erscheinung lässt sich nur daraus erklären, dass in alter Zeit der den Eigennamen zu Grunde liegende Begriff so lange flüssig blieb,[3]) als er, ohne zu Verwechselungen Anlass zu geben, die nähere unterscheidende Bestimmung ent-

---

p. 189) u. ä. sich ergänzen lassen, entweder das Prädikat נתן u. ä. (vgl. אבן), was jedoch bei Namen, die einen Gottesnamen ohne weiteren Zusatz wiedergeben, anzunehmen so u. a. (Z. 31,88 731², 42.479, Rev. 1892 p. 16, Hommel l. c. 634) nicht nötig ist (s. unten). In einem Namen wie בן 1 Ch. 15,18 kann man das Fragment (Object) eines Satzes oder den einen Teil einer Statusconstr.-Verbindung (vgl. בניה, sab. בנאל) sehen. In ähnlicher Weise ist das nom. propr. עבד zu ergänzen, manchmal (vgl. phön. חלץ. שמר) ist das Prädikat allein im Eigennamen stehen geblieben (vgl. im Allg.: Stade Ztschr. 6 S. 5, Levy a. a. O. 37⁴, Z. 11.72. 40,742. Ewald. Gramm. 497. 501. 503, Zeitschr. für Völkerps. 14, 177 fg., Mitler. de proverb. etc. 40 fg., Böttcher, § 264, Olshausen 613 — Z. 27, 312 אדום aus אדינירם?

1) Vgl. Z. 32 714, Ewald, Gesch. 2 124, Bohlen. Genes. XLVIII, Stade, Ztsch. 1891, 127¹, Levy a. a. O. 35, Tuch, Genes. LVII, LXVIII.

2) So סם Gen. 10 23 — תקיה 1 Ch. 1 17 (Bleek⁴ 587), שבר (Sam.) — ובר (Chr.), יורה – חרף u. ä.

3) Z. 24.110 fg., vgl. J. As. 1869, 404 fg. — Ueber nom. propr. mit dem Artikel vgl. Gesen. Lehrgeb. 657, Zunz a. a. O. 4.

behren konnte. So kam es eben allein darauf an, den Begriff im Namen wiederzugeben, so dass ein und dasselbe Objekt an verschiedenen Stellen mit verschiedenen, wenn nur synonymen, Namen bezeichnet werden konnte. Aehnlich sind auch die Namenübertragungen zu erklären, wie bei den Assyrern: Arabi des Ostens, wobei nur der Ort, und bei den Juden: Hagarener = Ungarn[1]) u. a., bei uns: Griechenland, das Deutschland des Altertums, wobei Ort und Zeit vertauscht werden.

Eine andere Art der Namensänderung findet in politischen oder religiösen Umwälzungen ihre Begründung, so vor allem die Vertauschung der Gottesnamen in den mit solchen zusammengesetzten Namen von Personen und Oertlichkeiten durch das Eingreifen einer theokratischen Reaktion, oder aber Redaktion, wie wir sogleich sehen werden. Es kamen bei den Hebräern in Wirklichkeit solche Namensänderungen vor bei den Thronbesteigungen,[2]) wobei der neue König ähnlich wie bei den Aegyptern, Arabern u. a. Völkern einen besonderen Thronnamen annahm, oder wenn man zu einem Volke fremder Sprache in Beziehungen trat, in dem man, was wohl schon vor der seleukidischen Zeit, von der an sich diese Erscheinung immer häufiger wiederholt, vorgekommen sein mag, gleichsam als Scheidemünze im internationalen Verkehr sich einen seinem einheimischen in der anderen Sprache etwa gleichwertigen Namen, zunächst jedenfalls als Beinamen, beilegte oder ihn von den Fremden erhielt. Solche Doppelnamen verdanken auch ihre Entstehung der aus späterer Zeit überlieferten Gewohnheit,[3]) sich nach dem Grundsatze: „cuius regio, eius religio" bei dem Wechsel des Aufenthaltsortes dadurch um das Patronat des an dem neuen Wohnorte allgemein ver-

---

[1]) Buxtorf Lex. rabb. p. 594.
[2]) Bei Aegyptern (Chuenaten vgl. E. Meyer, Gesch. d. Alt. I 271), bei Arabern (bei Hammer-Purgstall. d. arab. Eigenn.). bei Aram. (Janbi'd und Hubi'd KAT.¹ 4), Hebräern: Eljakim und Jojakim. Mattatja und Sidkija. Sallum (?) und Joahaz (s. unten) vgl. Oehler, Alttestamentliche Theologie 147, Goldziher 351³.
[3]) Zunz, Namen der Juden 28.70. Zu Zunz 15,17. s. Renier, inscr. dee Algérie No. 772, 773, 778; im Alten Testament Seïr, Edom, Esau; Jethro (Hobab. ?), Re'uel; 1 Kg. 15,2 18,2: אבשלום — אוריאל; 1. Sam. 1,1 אלידע in Chr. אליאב u. אליאל; אביטלבין (Sam.) — אביאל (Chr.) vgl. Vater, Commentar zum Pent. 3,63.

ehrten Gottes zu bewerben, dass man seinen Namen in den eigenen aufnahm. Auch mag in der überlieferten Veränderung eines Namens Lob oder Tadel der Mit- oder Nachwelt über den Charakter seines Trägers zum Ausdruck kommen.[1]) Besonders wichtig aber sind für uns die Namensänderungen aus rein religiösem Anlasse. Beispiele davon werden uns in der Erzählung von Abram—Abraham, Sarai—Sara, Jakob—Israel und vor allem aus Moses Zeit überliefert, welcher als Umtäufer seiner nächsten Umgebung in den grossen Reformatoren Chuenaten und später in Muhammed seines Gleichen fände.[2])

Es ist ferner bekannt, dass die Hebräer bei der Eroberung Kanaans die alten Lokalnamen vielfach mit neuen vertauschten,[3]) um das religiös Anstössige darin zu beseitigen, woraus ebenso wie aus dem Belassen der alten Namen auf ihre damaligen religiösen Anschauungen geschlossen werden kann, wenn auch hie und da in diesen Aenderungen eine tendenziöse Rückdatirung des apologetischen Schriftstellers vorliegen mag.

Denn nicht selten verbirgt sich, und gerade dies macht die Arbeit des Elohisten religions-geschichtlich so wichtig, hinter solchen Nachrichten die Absicht des Berichterstatters oder Redaktors.[4]) Häufig entdecken wir diese Tendenz leicht durch

---

[1]) So Ahaz ass. Jonhaz KAT[1] 152. vgl. Bar Kókba in Bar Koziba; Konrad in Koan-Rath (z, Z. des Bauernkrieges) und die Kapuzinerpredigt im „Wallenstein". — Beinamen: phön. Levy I. c. 29 עבדמלקרת (שת בן) vgl Jes. 44.5.

[2]) E. Meyer l. c. 271, Weil. Leben Muhammeds 344, Ewald, Gesch.[3] I 501 fg.; יובבר. יהשום (?)

[3]) Ewald, Gesch.[2] I 443.

[4]) E. Meyer, Gesch. d. Alt. 441; Geiger, Urschrift u. Uebersetzungen 54. 361. 363; vgl. 367. 368; 75 80, Lagarde, Psalterium S. 155, Nöldeke in Z. 42,481, Tuch XXXI 9. Hierin gehören, wenn auch nicht Molok, Astoret, Kemöš statt Melek u. s. w., welche vielmehr als Kana'anäismen angesehen werden können, wohl: בעל זבול aus זביב ב' (vgl. Baudissin Art. Beelzebub in Herz.·P. R. E.[3]), Jerubba'al (Baudissin, Studien zur semitischen Religionsgesch. I 108), Meriba'al in Mefiba'al, Ba'aljada· in Eljada·, Mefiböšet, Jerubošet (LXX αισχνη, 1. Kön. 11.33 προσοχθισμα), Belija'al für Ba'al, בלהה für בעלה (vgl. Bilhan; Z. 40,167[5]), אשבל (nicht wie Geiger 296, sondern mit Baudiss. l. c. I. 108. Wellhausen, BB. Sam. 29) . אשבעל vgl. אשבע (בםלסם (vgl. Bleek 1878 S. 641 f.; Rev. 1880, 124; Tuch, Gen. LXXII; Stade, Ztsch. 10,214). Diese Tendenz richtet sich auch gegen

Vergleichung des entsprechenden Berichtes und der Schreibung des betreffenden Namens in anderen Büchern des Alten Testamentes oder in anderweitigen Quellen, durch Heranziehung der Uebersetzungen; sie verrät sich oft selbst durch die beigegebene Deutung. In erster Reihe zeigt sich begreiflicherweise diese Tendenzarbeit in der Angabe oder masoretischen Schreibung der theophoren nomina propria, worin man die staatlich nicht anerkannten Gottheiten möglichst entgöttlichen und andererseits der Profanirung des sanktionirten Gottesnamens vorbeugen wollte.

— חמיל (nach Geiger 298 auch gegen שדי), so in (vgl. Geiger 296) אל — ביתאל (Symmachos ?בית אליה — Bebotosa (Jud. 4,6. 6.10) בתיל, חמיאל zu Hos. 4,15 οἶκος ὤνίας) בית און (vgl. Buxdorf, lex. rabbin. בית ברי) und H. Hildesheimer, Beiträge zur Geographie Palästinas S. 6³⁰) צבאל für צבאל (vgl. Z. 33,330). צניאל — צניאל (vgl. Ex. 34,23. 24 u. a., Geiger 337 fg, Stade, Gesch. 94), סמאול für סמאל (Dozy, die Israeliten zu Mekka 8², vgl. Z. 42.479), äth. 'Ezuz'êl, im Syr. (Mand.) סמאיל vgl. Ges. Lex., ישראלה für אשראלה, חזיר בני (?) für חויר (vgl. auch Giesen. Gesch. 58). Andererseits gebrauchte man für den Gottesnamen später שם, סקים (vgl. das סימא der Samaritaner, die das Tetragrammaton aber aussprachen, vgl. Tos. Sabû'ôt 35a, wogegen Kämpf, Phön. Epigraphik 68¹), die LXX haben: ό κύριος; Hohlenberg, fragm. hat für יה׃ κυρατος oder κυρος, p. 5 אמריה — Αμαρ-ιου vgl. LXX עבריה 'Aβδιου; Vulgat; Dominus; Syr. מרא (vgl. Joseph., ant. Jud. II 12,4 καὶ ὁ θεὸς und יהוה für יהוה bei Leusden, Philologus 344. 356). Selbst אלהים vermied man und gebrauchte dafür אלקים אלרים und (s. M. A. Levy in Z. IX) אלאים. Das יה in den Eigennamen, welches auch im Talmud (vgl. Pes. 50a, Kidd. 71a u. a.) für יהוה steht, scheint nicht ausgesprochen worden zu sein, s. 'Erub. 50a. Während nach Jeruš, Ber. 8,6 Ezra die Aussprache des Gottesnamens nicht gemieden haben soll (vgl. ib. 9,1), wurde dem Tetragramm, geschrieben sowohl (vgl. 'Erub. 13a. Sabb. 116a) als gesprochen, [Hagiga 16a, vgl. Philo, vita Mos. 3,25, Ann. 26 (II p. 166 Mang.) u. Geiger, Nachgel. Schr. II 199] eine ganz besondere Bedeutung zugeschrieben (vgl. auch R. Nehemjah in Midr. Sem. r. 2 v. 12 und im Allg.: Maïmûni, Môre neb. (Munk, t. I h. LXI. — LXIII p. 267, 269, 275. Chwohlson, die Ssabier I 297, Z. 24,121, Z. 40,259. 263. Rev. 9,171 fg. Pietschmann, Gesch. d. Phönic. 184. Geiger, Urschrift 264, 309, 315. Oehler, A. T. Theol. 140. Mtsber. d. Berl. Ak. d. Wiss. 1880, 614. Göttinger g. Mitteilungen 1882. 177. Revue de l'histoire des religions 1881 3,198 (Kabiren). — Zur syr. Lesung des Tetragr.: Ja-Ja vgl. Z. 31,734. 32,465. —

Ueber den Šem hammeforaš vgl. aus der neueren Litteratur: Z. 23, 31, 33, 35, 36, 39, 40. Rev. 1881, 1884, 1889, 1892. Stade, Ztsch. 91, 177. Bacher, Agada der bab. Amor. 17.

Hiermit sind wir schon von der Betrachtung des Aeusserlichen der hebräischen Nomenclatur zur Ergründung ihres Inhaltes übergegangen. Dabei haben wir zunächst zwischen den nom. propr., welche sich auf die unmittelbare Gegenwart bezw. Vergangenheit, und solchen, die sich auf die Zukunft beziehen, zu scheiden. Die Mutter, welche jedenfalls in den ältesten Zeiten dem Kinde den Namen gab, oder, falls diese vor der Namengebung gestorben war, einer der überlebenden Anverwandten, dachte wohl bei der Wahl des Namens zunächst an die Umstände der Geburt,[1]) wenn auch nicht an so ganz zufällige wie z. B. bei den Beduinen, sondern etwa an Zeit[2]) und Ort[3]) der Geburt, oder man deutete in dem Namen den Platz an, den das neugeborene Kind in der Aufeinanderfolge der Geschwister einnahm.[4])

In weit überwiegender Mehrzahl findon sich naturgemäss Namen, welche auf die Zukunft des Kindes Bezug haben. Schon dem alten Semiten galt das „nomen et omen"; in dem Namen lag eine mystische Kraft. Daher sind nomina propria, welche körperliche oder geistige Mängel anzeigen, die ja doch bei dem Kinde noch gar nicht deutlich wahrzunehmen sind, als später beigelegte Spitznamen oder aber als Votivnamen zu erklären. Man wünschte dem Kinde alles Wünschenswerte — nach der Anschauung des Stammes —, so, neben Macht

---

[1]) Für die Beduinen und Abessynier s. Stade, Gesch. 1.387; Rosenmüller a. a. O. 1.41. vgl. 3.155, 376, 1.173; Ges. Jes. 1.303 fg.; Z. 40. 150⁴. — Vgl. 1. M. 16.11, Hiob 17.14 (?), 2. S. 12.25 u. Midr. ber. r. 37. Ueber die Form der nomina propria s. noch Ibn Ezra zu Ex. 16.23, Kimchi im Miklot zu רהי, im ספר ה שרשים zu חלב. Ueber die Namengebung vgl. Z. 15,807; Hamburger, Realencycl. II 829 באני .(?)פלנני פלחה. צלק. פרק. פתחיה, vgl. (?) Dolores; Euting, sinait. In. 3 „Der Mutter aus dem Leibe geschnitten", Caesar u. ä.

[2]) Vgl. Babl. Gitt. 26b; E. Meyer l. c. 166; — Z. 23,628: Lagarde, Psalt. 158; Jes. 14.2 „Helel", vgl. assyr. Elulai K (— Kujundjik-Gallerie, nach privater Mitteilung des Herrn Privatdoc. Dr. Peiser-Königsberg) 280,14. 285,31. 288.4 u. ä. Kleinpaul 61.

[3]) Vgl. Z. 40,164 ²), Kleinpaul 201. — בישי ם. בנונה. Magdalena. מגר Ch. מנתחיה 1 Ch. 8.24 für מנתח 2. Sam. 23.27) vgl. phönik. ארמי und מצרי (Levy l. c. 27, Carthag. 16, sab. מצרי u. מצרן n. l.)

[4]) יהסף (?) הקסן. אחיה. יעקב (vgl. arab. Bekri und röm. Decimus, Quintus u. a.

und Reichtum, Mut, Tapferkeit und andere Tugenden[1]) und gab ihm diese Wünsche in dem Namen mit auf den Lebensweg, oder was zu jener Zeit wohl meist dasselbe bedeutete, man stellte das Kind durch Anrufung eines Dämons mittels der Namengebung in dessen Schutz. So, d. h. durch das kurze Dankgebet, welches man in dem Namen zu dem gütigen Spender des Kindes emporsandte, ferner durch den Wunsch, das Kind möchte den Schirmherrn der Eltern diesen gleich fürchten und verehren, sowie durch die Anrufung seines Schutzes auf das Haupt des neuen Sprösslings, was gleichfalls der Name zum Ausdruck brachte, lassen sich die zahlreichen theophoren Eigennamen der Hebräer erklären, und aus demselben Grunde sind die meisten zusammengesetzten Namen, in denen der eine Bestandteil auf einen der genannten Umstände hinweist, wie זכר u. ä., עבד u. ä., נתן und שמר, שור u. a. mit Sicherheit als theophore zu erkennen.[2])

---

[1]) שפט vgl. Z. 27 331. רפה (? Ges. Thes. „proiciens"), שפם. אביחיל; מריח mit phön. יהיה. יחיאל (vgl. auch פתיחי. יחיבטל. יחיאל vgl. phön. יחיאל; הודיה (s. Z. 13 439) u. ä. אלעית vgl. sabäisch: (D. H. Müller) יפלה (במשיחי); vgl. (?) arab. Hamdallah, aethiop. Naacueto-laab, ferner Deogratias, Loue-Dieu, Gottlob, Bogislaus u. ä. — Nach Blumen u. s. w. heissen הדסה u. a., vgl. nab. בסבם Med. Sâlih 2. — Berufsnamen sind: רבשקה. צרפי. vgl. שפרנר bei Levy, Siegel 37, Z. 24,156 (arab.); phön. שרדל bei Levy l. c.; נר. נלב (vgl. Pott 621fg.); assyr. Sakanu K. 324 26 (nicht zusammenzustellen mit סכן vgl. Bäthgen, Beiträge zur semit. Religionsgesch. S. 54). — Nach Körperteilen oder Leibesbeschaffenheit (vgl. Pott 99. 590. 594. 507. 704. Kleinpaul 128fg.): חרומף, בהן, אצל, אצבין — אזני, אסם (spaltnasig), בסלין? (dick), ראש. שכם? (vgl. phön. רש und מצח) Pγxá Luc. 3,27: אסחור? אסבן? צחר, לבני, לבן; חרש - חרשא vgl. palm. חרשא, nab. מרת, sab.; nach moralischen Merkmalen: ריבי (vgl. ? sab. ריבם u. K. 423,8 Riba-ni); נבבת (vgl. (?) palm. נבבא Vog. 137 oder vom syr.-arab. g-n-b „Seite".) Einen Ausruf bezeichnet (vgl. Ἀλλοιγήν Jasomirgott) אחלי (J. As. 7, X, 366). — Schmeichelnamen sind bes. die Frauennamen, wie בזבי. חלדה, vgl. aram. אבא, Talm. פפ K. 306 Pa-pa-a.

[2]) Vgl. im Allg. Pott. 693, Gesen. Monum. phön. I 396, Gesen. Jes. I 28 Anm. Es gilt hierbei die Voraussetzung, dass nach einem Gotte sich nur dessen Verehrer nennen (vgl. Wellhaus. Prol. 249; vor allem wohl seine Priester, so die Gallen vgl. Movers, Phön. I, 680). Für gewöhnlich darf man (vgl. Goldziher 88) bei den mit עבד zusammengesetzten Namen in dem anderen Bestandteile einen Gottesnamen vermuten, doch giebt es dabei Ausnahmen, so im Nabat. (vgl. Euting nab. 32 u. a.); auch findet sich neben עבר אדם CIS 295 ein מלד אדם (jedenfalls nicht — rex hominum), ursprünglich wohl Beiname vgl. Levy, Siegel 40 u. 29: עבדמלקרת (·).

Diese theophoren Eigennamen geben uns nun ein bei weitem vollständigeres und wahreres Bild des hebräischen Volksglaubens als die Nachrichten, welche uns sonst das Alte Testament darüber an die Hand gibt. Während wir sonst die echten Schriftzüge unter der Tünche des theokratischen Eifers kaum noch zu entziffern vermögen, und uns gerade Stücke, wie die Chronik, welche von jeher ihres Inhaltes wegen weniger beachtet und eben desbalb von dieser irreleitenden Bearbeitung durch die Hand des Redactors verschont geblieben sind, manchen wertvollen Aufschluss geben, sind es hier, bei den nom. propr., gerade solche Verstümmelungen, welche uns nicht allein die Absicht, die sich dahinter verbirgt, verraten und uns rechtzeitig zur Vorsicht mahnen, sondern nicht selten auf den rechten Weg führen.

Schon eine flüchtige Zusammenstellung der hebräischen Eigennamen und Scheidung der einzelnen Bestandteile gewährt einen überraschenden Blick in die Vielfältigkeit und gegenseitige Beziehung der althebräischen Gottesdienste und lässt uns ungefähr den Entwickelungsgang des alttestamentlichen Religionsgedankens vermuten. Um dieses Mutmassen zur Wahrscheinlichkeit und womöglich zur Wahrheit zu erhärten, müssen wir uns nach Hilfsquellen umsehen, wie sie neben den Andeutungen des Alten Testamentes selbst und den sonstigen althebräischen sowie auch späteren jüdischen Dokumenten in der Analogie der den hebräischen am nächsten verwandten religiösen Anschauungen der Nachbarstämme und in erster Reihe in der allgemeinen Religionsgeschichte zu Gebote stehen.

Auch die Personennamen, welche mit Gottesnamen identisch sind, will man vielfach hypokoristisch durch den Wegfall eines עבד oder ähnlich erklären (vgl. Dozy 74², Z. 17,632, Th. Ltr. Ztg. 1877, 256, J. As. 1867, 496 fg.). Doch steht, wenigstens für die spätere Zeit, der Brauch, sich ohne Weiteres nach einem Gotte zu benennen, fest, vgl. Levy, phön. Stud. II 83 u. 90. Rev. de l'hist. d. rel. 1881, 3,180¹). Andererseits wird עבד allein als nom. propr. gebraucht, vgl. den Beduinennamen Seid-Ben-'Abed u. a.

Diese Namen und solche wie assyr.: (Hommel 535, 415) Samsulluna, Ilun-ka-Rammân, Assur-bel-kala, (vgl. hebr. אליאל. אחירע, doch diese entsprechend später) sind älter als die mit נתן gebildeten, wie assyr. Nabû-nadin-ahi u. ä.

Allgemein-Religionsgeschichtliches.

Denn der Ursprung des hebräischen Volksglaubens — zum Unterschied von der mosaischen Religion — wird von der neueren Forschung eben da gesucht, wo man ihn bei der Menschheit im allgemeinen glaubt gefunden zu haben. Die ungestümen Triebe der eigenen Seele, das Erwachen der Leidenschaft, die Furcht vor dem Tode, unverhoffte Rettung aus grosser Gefahr, das sind im grossen Ganzen die Motive zur Religion. Von solchen Mächten, die so gewaltig in ihm und von aussen auf ihn einwirken, fühlt der Urmensch sich völlig abhängig; sie treten naturgemäss da, wo von Abstraktionen noch keine Rede sein kann, als — meist feindliche — Dämonen auf, und der Mensch überträgt das erniedrigendste der menschlichen Verhältnisse auf seine Beziehung zur Gottheit, er wird der „Knecht" dieser Gewalten, die so willkürlich mit ihm umgehen.

Wie stellt sich nun der Mensch diese geheimnisvollen Mächte vor?

Sie wirken in der Natur in dem Rauschen der Bäume, in dem Zucken des Blitzes, dem Grollen des Donners u. s. w., er fühlt ihre böswillige Wirksamkeit an sich selbst; sie sind mit Willen begabt. Nun kennt er ein solches Wesen aus seinen Träumen; während der Körper unbeweglich daliegt, sieht er das Bild, welches ihm das Wasser widergespiegelt hat, losgelöst vom Leibe sich frei bewegen, nach dem Erwachen kann er sich im Wasserspiegel versichern, dass es wieder zu ihm zurückgekehrt ist. Nun empfindet der Mensch das Naturwirken ganz besonders deutlich im Tiere und Mitmenschen. Eines Tages sieht er einem solchen Wesen Blut entströmen, es immer schwächer werden und schliesslich nach Verlust des

Blutes ebenso bewegungslos daliegen, wie er beim Einschlafen sich immer matter werden fühlt und andere ruhiger werden sieht, um zuletzt ganz kraft- und regungslos dazuliegen. Aber dieses Mal wird der Entschlafene nicht wieder wach, jenes Traumbild kehrt nicht wieder. Was fehlt ihm, wessen bedarf es zur Rückkehr in seinen alten Wohnort? Offenbar dessen, was diesem verloren gegangen: des Blutes. Danach lechzt nun der Dämon, der natürlich die Gestalt beibehält, die seine frühere Behausung zeigte, sowie ja auch das Traumbild die Züge des leiblichen Wesens trägt, sei es, wenn einer tierischen Form entfahren, nach dem Blute ähnlicher Wesen,[1]) sei es, als Dämon des abgeschiedenen Herren, nach dem Blute der Knechte, später als Geist des Vaters nach dem Blute vor allem derer, welche am deutlichsten seine Züge tragen und ihm daher auch am sichersten das alte Wesen wiedergeben: seiner Enkel. Dafür schützt der Ahnengeist den Opfernden gegen die anderen,[2]) feindlichen, Dämonen, wie er ja zu Lebzeiten auch sein Eigentum tapfer gegen fremde Eingriffe verteidigt hatte.

Wo war nun aber der Dämon zu erreichen? Es lag am nächsten, ihn nicht weit von seinem Leichnam zu vermuten, mit welchem er sich so am leichtesten wieder vereinigen konnte. Allein der Nomade konnte den Leichnam des Ahnen nicht beständig mit sich herumführen. Er wusste sich zu helfen. Wie er schon andere Dämonen sich dienstbar gemacht hatte, nämlich in seinen Haustieren, so wusste der Urmensch auch seinen Schutzgeist gewissermassen an die Krippe zu binden, indem er nunmehr das Opferblut Steinen spendete, welchen er wohl auch hier und da die Züge des Verstorbenen aufzuprägen suchte und welche jedenfalls leichter zu befördern waren. Die fortschreitende Cultur ermöglichte die Benutzung immer edlerer

---

[1]) Zu Lev. 17,11 u. ä. vgl. Josephus Ant. 1,3,8. Odyssee 11,36. 97. 147. Ovid. Fast. V 469; über Blutrache: Diodor 4,31; Pausan. 5,1; den Vampyr in der babyl. Mythologie.
[2]) Stuhr, Religionssysteme 446. — Vielleicht ist ein Hinweis auf den Animismus ist der Ausdruck שם ברכה, worin ברך als „Glück geben" (vgl. רחביה u. יפתחאלהים Gen. 9,27) zu nehmen ist.

Stoffe zur Verfertigung des Fetisches, aber der Stein scheint auch später noch einen gewissen Vorzug sich gewahrt zu haben, wohl nicht allein wegen des Conservativismus in religiösen Dingen, als das älteste Bildmaterial, oder wegen seiner Dauerhaftigkeit, als vielmehr wegen der Analogie der Meteor- und Hagelsteine, in welchen man sich eine dämonische Macht wohnend dachte, und als Symbol des Berges, wo wohl schon von dem ältesten Naturmythus die höchsten Götter lokalisirt wurden.

Naturreligion und Animismus hängen nämlich eng mit einander zusammen. Der Mensch verehrt zunächst und am eifrigsten den Geist seines Ahnen, weiss aber sehr wohl, dass über diesem Dämon wieder die Manen der ihm voraufgegangenen Vorfahren stehen, und so ahnt er denn ein ähnliches Rangverhältnis unter den übrigen Dämonen, von dem Geist, der im rauschenden Bache, im Schatten und Frucht spendenden Baume lebt und webt, bis hinauf zu dem obersten der Geister, vor dessen Herrschergewalt die gesamte Natur den Nacken beugt, wenn er unter Blitz und Sturmesgeheul seinen Donnerruf ertönen lässt; selbst seine obersten Diener, welche sonst dem Menschen freundlich ihr Licht erstrahlen lassen, auch das Sternenheer zieht auf sein Gebot furchtsam seinen Glanz ein, wenn der Berge Gipfel drohend sich verfinstern. Daraus erklärt es sich zugleich, dass man diesem obersten Geist nur selten die Zeichen der Verehrung zollt; man spendet ja dem Ahnengeiste, wofür dieser sich wieder mit den anderen neben- und übergeordneten Dämonen auseinanderzusetzen hat, es liegt hier somit ein ähnliches Verhältnis zu Grunde, wie im staatlichen Leben zwischen dem Oberherren, dem Könige, und seinen Statthaltern, bezw. den ihm unterthänigen Scheichs und andererseits zwischen diesen und ihren Untergebenen.

Aber nicht allein hier, auf der höchsten Stufe des Dämonenglaubens, sondern auf allen Etappen der religiösen Entwickelung der Menschheit, tritt die Notwendigkeit zu Tage, zum Verständnis der Religionsgeschichte eines Volkes vor allem auf den Fortschritt der materiellen Kultur und besonders der politischen Verhältnisse Rücksicht zu nehmen. Mit dem Nomaden wird auch die Gottheit allmählich sesshaft in einem bestimmten Steine, in einem bestimmten Baume, an einem bestimmten Wasser. Mit dem Erwerb festen Bodens[1]) gestaltet sich das Familienverhältnis bestimmter und fester; der Ahnengeist ist nicht blos der „Herr", der seinem Knechte langes Leben, Kinder und Viehreichtum beschert, er wird, wo das Verhältnis von Vater und Sohn, von Bruder zu Bruder in der durch Sitte und Gesetz geregelten Vererbung bezw. Teilung des angestammten Familiengrundbesitzes seinen realen Ausdruck findet, wo die Vaterschaft bestimmt und Familienzersplitterung immer mehr ausgeschlossen wird, zum „Vater", dem sein „Sohn", wie für die Gaben des Feldes, so auch als dem Schirmherren und Mehrer seiner Familie dankt, in welcher sich „Bruder" an Bruder reiht. Mit den sich immer sittlicher gestaltenden menschlichen Verhältnissen nimmt auch der Dämon immer edlere Züge an, die einzelnen Seelen werden seine Boten, und seine Macht wächst naturgemäss so wie sich die Familie zum Geschlechte, das Geschlecht zum Stamme, der Stamm zum Volke erweitert; aus dem Natur- und Ahnengeiste wird ein Natur- und Volksgott, wobei natürlich bei der vorwiegenden Bedeutung, welche die Familie oft bis in die spätesten Zeiten bewahrt, die besonderen Familienculte häufig fortdauern. Jedes neue politische Verhältnis des Volkes giebt sodann dem Nationalgotte ein neues entsprechendes Merkmal, sei es in friedlichem Bundesverhältnis mit anderen Völkern, oder, indem der Sieger auch des Besiegten Götter in dem Tempel des eigenen Gottes als Trophäen aufstellt, welcher allmählich, oft auf dem Umwege, dass anfangs die erbeuteten Idole Gegenstand der Verehrung werden, sich deren Attribute gleichsam als die Rüstung des unterlegenen Feindes aneignet.

---

[1]) Vgl. Jes. 28.26 u. Gesen. z. St.; Sir. 7,15. — Stade, Gesch. 134. — So wird z. B. das Sukkotfest zum Erntefest (vgl. Goldziher 268). — Doch kann trotz Ackerbau die nomadische Gesellschaftverfassung u. a. beibehalten werden (vgl. Wellhausen, Skizzen 4 S. 17). Aus den bei der Beschneidung gebräuchlichen Steinmessern lässt sich auf den Charakter der damaligen Kultur ebensowenig schliessen (so Lübke, Grundriss der Kunstgesch.⁵ S. 81, wie etwa aus der Verwendung von Feuersteinmessern bei der Beschneidung und Leichenöffnung im alten Aegypten: in beiden Fällen liegt religiöser Conservativismus vor.

Die Anfänge der semitischen Gottesdienste.

Betrachten wir nun den religiösen Entwickelungsgang der einzelnen semitischen Stämme! Die Nordaraber zunächst sind in alter Zeit wenig über den animistischen Polydämonismus hinausgekommen. Der Fetischismus hat sich bei ihnen sowohl als Gestirnverehrung, als auch in einzelnen Stammesreligionen specialisirt; auch Spuren von Totemismus finden sich bei ihnen. Für das Vorherrschen des Naturkultes, der sich die schöpferische Thätigkeit der Natur durch die Analogie der ehelichen Vereinigung beider Geschlechter veranschaulicht, scheint der Umstand zu sprechen, dass wir hier frühzeitig weiblichen Gottheiten begegnen, zu denen sich das männliche Complement teilweise im Arabischen selbst noch finden lässt.[1] Früh scheinen auch fremde Gottheiten bei den Nordarabern Eingang gefunden zu haben.

In weit grösserem Massstabe jedoch gilt das von den Südarabern, zumal von den Sabäern, welche sich in vieler Hinsicht von der babylonischen Kultur beeinflusst zeigen und besonders in den nom. propr. den nordsemitischen Phönikern, Hebräern und Palmyrenern sehr nahe stehen; hier finden wir dem Jl fast alle die Merkmale beigelegt, welche der Nordsemit seinem El, Ba'al und Jahwe gab. Im Uebrigen scheint zwischen den nomadischen Arabern und den Himjaren, Sabäern u. s. f. der nämliche Unterschied bestanden zu haben, wie stets zwischen den Bewohnern der Wüste, des Gebirges und denen des Kulturlandes, des Fruchtlandes, wie auch sonst im Semitischen zwischen den Assyrern und den stammverwandten

---

[1] Tiele a. a. O., E. Meyer, Wellh., Skizzen 3. „Ueber die religiösen Beziehungen der Semiten zu ihren Nachbarn" handelt d. Verf. in der Mtsschr. f. d. W. d. Jud. (Brann-Kaufmann) 1895.

Babyloniern, von deren ursprünglicher Religion wir nur sehr wenig wissen, und wie zwischen den Phönikern und dem kana'anäischen Hinterland. Durch die in Palästina vorwiegende Kultur der Phöniker erklärt es sich denn auch, dass für die Beurteilung der altkana'anäischen Verhältnisse den meisten Anhalt Denkmäler und Nachrichten bieten, welche von ihnen herstammen. Sie sprachen nicht allein eine dem Palästinensischen sehr nahe verwandte Mundart, sondern zeigen auch in Kultur und Kultus eine fast durchgängige Analogie zu der der kana'anäischen Nordstämme,[1]) nur in den Eigennamen stehen die Sabäer den Hebräern näher als ihre späteren Nachbarn. Ursprünglich sind auch die Phöniker den Hebräern in Sprache, Sitte und Religion nicht so eng verwandt, wie die Moabiter,[2]) die Ammoniter[3])

---

[1]) Vgl. Schröder. phön. Sprache. Morgenl. Forschungen 181. 182. 198, 216; über ihre Herkunft: Hommel 371. Kämpf. phön. Epigraphik 10. Mov. II 1; 355; ihre nom. propr.; Rev. de l'hist. d. r. 1881³ 214; ihre Religion, Pietschmann 149 u. a. Goldziher 290. 298; Totenkult: Pietschmann 193 u. a.: זבר nom. propr. u. Pietschm. 228; Kindesopfer: ib. 223 unten. Leviratsehe? (vgl. חלף hebr. u. Z. 17,638 f.); Ihre Gottheiten: (בעלתה שקותה עשתרת. צרישה (vgl.? nom. propr. hebr. הצרח u. צרפת — Sarepta). סר. נבי. רמין. שמש. סין. :נינל (Rev. 1881, 190. Stade, Zeitsch.⁶ S. 333. אסם] (Rev. 9.4 und Rev. de l'hist. de r. 1881³ 214).

²) מואב](vgl. Ges. Lex.) KAT² 140 u. die nomina propria מידבא (דיבון vgl. דימון), מידוב (דיודב), vor allem Jes. 48.1; סמי יהדה u. Gen. 19. 30—38 = מי אב] ist jedenfalls als Verwandtschaftsname zu erklären [vgl. ? Ma-i-m-ma-a K 410 5. אסה. אבים. אחיאם und לטיאל].
Auf Dämonenkult in Moab scheinen nom. propr. hinzudeuten, wie בלק (s. Ges. lex"). בלעם : מחלון. כליון. מרה. טרפה; עגלין. דיבין [vgl. אאב midjan. Fürst. phön. ויבקם; zu אנו, in Amalek wahrscheinlich Dynastenname (vgl.? KB Assurban. 181, Gagi [von Sahi]). vgl. die babyl. Jgigi]; סרף. 1 Ch. 4.22, vgl. 8.8. Sonst sind von nom. propr. zu nennen: צעיר, KAT¹ 52 Salamanu: נחליאל מואב סחת vgl. Jerem. 48,28. 43,44. Thren. 3,47]; vgl. noch zu צעיר: nom. propr. צעיר 4. M. 24,17; über Ariel: Movers I 334: zu Nebo (vgl. bab. Nabû bei E. Meyer 179; נבו nom. pr. l. in Ruben und Juda. בני נבו alt-israel. Geschlecht Ezr. 2,29) עברנני Z. 27,348; palm. נביזבד.

³) Wie Moab ist auch עמון [בני עמון assyr. Bit Ammân; עמון eine Bildung wie אדום מלכם u. ü. vgl.? Baud I. 41 Ἀμμάς) ein Verwandtschaftsname, auch hier ist Kemôs der Hauptgott (s. Ri 11,24), vgl. auch ammonit. (KAT) Pu-du-ilu und הסמי בער in Benjamin. — Ueber Kemôs und andere Gottheiten der Semiten handelt d. Verf. nächstens in d. Ztsch. f. wiss. Theol.

und vor allem die Jdumäer.¹) Der Glaube dieser Stämme zeigt einen ähnlichen Entwickelungsgang, wie der der Hebräer.

¹) Vgl. Gen. 36,31. Dt. 23,8 fg. u. a. — Ihr Stammesheros ist Edom — Esau. Dabei lässt sich aber אדם [aeg. Aduma s. E. Meyer § 237 oder ta deśer S. 86. — Schröder, phön. Spr. 90: אדם „Mensch" von hebr. דם = aram.: 'adâm, vgl. Lucian (so Nöldeke), De dea Syria § 8: Adonis (= אדום „Der Blutige") u Baudissin I, 298] mit Nöldeke (Z. 40) und Bäthgen (a. a. O. 10) als „Mensch" fassen (vgl.?, „Chinesen" von sjin „Mensch", Bantu „Volk", „Deutsch" Kleinpaul 284.288), daher fehlt ein בני אדם etwa wie בני ישראל, בני עמון s. Ges. lex. ¹¹: selten poët. בני שטי, auch שטי allein, vgl. הר שטי oder שטיר, d. i. ein Wüsten- und Bergesdämon, dessen Gestalt die eines Bockes, wie die des Ašmedai, Asima, beim Samaritaner עז; zum Plural שטירים vgl. אלהים, בשלים u. ä.), vgl. auch Ebers, Durch Gosen 518 Anm. 37. Aehnlich wie מיא סחף findet sich (auch im Phönik.) im Hebr. (vgl. עברתים in Teima Z. 41, phön. עבר חירן u. a.) ein עבד אדם, doch könnte dieses auch wie nab. עבדעברת u. ä. gefasst werden, wenn man an das sab. אדם „Client Diener" oder (Praetor. Beitr. III 32, wie syrisch: אש) „Freund" denkt (s. dagegen die alte Ableitung von אדמה, homo von humus vgl. die nomina propria אדמה. אדם). Das Alte Testament lässt Esau mit den Hetitern verschwägert sein, woraus auf derartigen Einfluss im Edom geschlossen werden kann. Die idumäischen nomina propria (s. darin das ם in מנדיאל מבצר, סימס) deuten auf innige Beziehungen zu den hebräischen Südstämmen hin, so zu Benjamin in: סיסם אדם, יעיש, בלה, שאיל, חושם, שפי. קרח, שרץ, יעב, מבצר, עירם, zu Juda: ירח, קם, zu Gad.? מנדיאל. Erwähnenswert ist es, dass עמלק vom Alten Testament zum Enkel Esaus gemacht wird. Die Jdumäer hatten ihr (nicht erbliches) Königtum vor Saul 1 Ch. 1,43. Gen. 36,32. Diese Königsliste zeigt nahe Verwandtschaft zwischen den Jdumäern und den Moabitern, vgl. Gen. 36,32 בלק בן בעיר mit Num. 22,2 צלק בן צפיר; 1 Ch. 1,43 בלע בן בעיר mit בלעם בן בעיר־סעיר) Num. 22,5. Dieser Bileam (Βαλαam) ist, wenn nicht identisch mit dem ersten idumäischen Könige, so doch sein Landsmann: Er stammt (Num. 23,7 aus Aram. Nun wird der Idumäer Doeg In LXX zu 1 Sam. 21,7 Δωηχ ὁ Σύρος genannt; von hier, aus Μεσοποταμία, wie die LXX אם übersetzen, scheinen alle diese hebr. Stämme gekommen zu sein. Dass er auf dem Hügel des Ba'al Peôr (Be'ôr scheint dialekt. Var., vgl. בעיר, Vater Bileams) prophezeit, ist ein Zeichen für den Pe'orkult in Moab [פעור idum. nach LXX = פעיר, vgl. Wetzstein 147. Fa'ôr; vgl. סעיר (נעיר?), nom. propr. hebr. — סעיר von אפעה „Schlangenbaal"]. Der Name Ba'al findet sich auch im nom. propr. des 7. idum. Königs בעל חנן (vgl. phön. בעלחנא Hannibal), in בלהן?, Enkel Se'irs Gen. 36,20 (vgl. die הררי קדם Num. 22,7 mit Kudu-muhu KAT u. a.) und Φαραβολος (Wellhausen, Skizzen 3 S. 1), El in Elifas, Reuel, Magdiel, Mehetabel; Hadad im Namen des 6. und 4. idum. Königs (Sohn des הדר = בדר בן): יעיש (Bäthgen 10; = arab. Jaġûth, nach Sayce aus Babylon eingeführt).

Stets bleibt bei ihnen der Ahnenkult gegenüber der Naturverehrung und dem Totemismus im Vordergrunde. Erst als sie in Kanaan dauernd sesshaft und aus einzelnen, unter einander jedenfalls weit näher verwandten Unterstämmen und Familien, als wie wir sie bei den Hebräern finden, zum monarchisch beherrschten Volke werden, nehmen sie erklärlicherweise die Gottheit, welcher der Grund und Boden ihrer Volksgemeinschaft gehört, als ihren „König" bezw. „Fürsten" an und zugleich natürlich auch dessen einheimischen Kult, dessen Grausamkeit sich aus dem wild-zerstörenden Charakter der kana'anäischen lokalen Gebirgs- und damit auch Gewittergötter erklärt.

Sohn Esaus Gen. 36,4. [in Benjamin 1 Ch. 7,18. 8,39. Levit. 23,10. 2 Ch. 11,19 Sohn Rehab'ams] vgl. עשׂי Z. 17. nab. ישׁע und nom. propr. hebr. עשׁיאל, ישׁע [מ׳]; עיף (צ für שׂ wie in קצי) vgl. nom. propr. benjam. עוץ; עשׂית nom. propr. (vgl. Fleischer zu Levy, Talm. W. III 732). 'Anat in ענה, Enkel Seʿirs (vgl. ענת, Vater Samgars [vgl. ? Sa(n)gara KB Aššurn. 107]), לוט in לישׁן. Ferner sind zu nennen: משׂרקה n. l. id. [vgl. נחל שׂורק in Philistäa (früher שׂרם vgl. שׂריח n. l. id.; als Gott der Awwäer wird תרתק genannt, vgl.? Z. 41,724 עבד תרתא), arab. שׂרק vgl.? Z. 41 l. c. אהליבמה. אלה ועבר אלשׂארק (vgl. Corpus insc. gracc. Boeckh, Bd. III 1853 n. 4525 'Ραββάμου aus רב u. במה, nach Baudiss. I 217[1] Adonis), אשׂבן, מיהב (idum. Fürst vgl. דיהב n. l. am Sinai, vgl. nabat. די Z. 17 a. a. O.) und die zahlreichen Tiernamen שׂרם ,רישׂן u. a.; zu Αγκώρ Judit 3,5 s. LXX zu Num. 34,27; vgl. ? Χρυσωρ des Sanchunj.

Dämonismus bei den Hebräern.

So vorbereitet, betreten wir nunmehr das Gebiet der hebräischen Religionsgeschichte, im besonderen der hebräischen theoforen Eigennamen.

Da fällt uns denn zunächst unter diesen eine Anzahl auf, welche allerhand Gebrechen, Krankheiten, hässliche Pflanzen u. ä. bezeichnen.[1]) Abgesehen von der ominösen Bedeutung, welche der Name des Kindes in sich schloss, müssten von vornherein solche Namen schon der Eitelkeit der Eltern widerstreben, selbst wenn auffallende Mängel des Neugeborenen dazu Anlass geben sollten. Nöldeke (Z. 40,160), der anscheinend theophore nomina propria meist rationell zu erklären sucht, meint ähnlich auch bei solchen Namen im Arabischen, man habe die Kinder nach bitteren und dornigen Pflanzen, hässlichem Getier u. ä. benannt, indem man damit den Wunsch aussprach, sie möchten einst ihren Feinden ebenso unangenehm werden, wie diese Gegenstände.

Uns scheint jedoch in solchen nom. propr. vielmehr der Wunsch der Eltern ausgesprochen zu sein, den Liebling gegen das „Berufen" zu feien, und deshalb wurde das Kind durch die Namengebung in den Schutz eines bösen Dämons gestellt und somit gegen dessen Anfeindung gesichert.

---

[1] Z. B. חלי, צרעה, והם, חלאה (Rost), אשר (wenn nicht אשר, vgl. babyl. bei Peiser, Verträge S. 328; Hiru, Hir-Bil u. a.), סליא (vgl. סללין). רב (vgl. Vog. palm. 141 כריכא); sab. n. l. נרמב); חסרה, טויבה (vgl. ? phön. רי ..arm,"); נללי, נלל (?); אסר, (הסכיה) סנאה (?) הקים, 'Ἀzzώς (Marc. s. 17 n. LXX); נשי (wenn nicht zu vgl. arab. Jağūth); שיכיק u. a. vgl. Caesus (s. Tiele 263; auch die Dämonen als „lichtscheu" bezeichnet). — Dass der Name ominös s. bei Pott 16 Note, Hamburger, Real-Encyklopädie zum Talmud S. 835 Anm. 7, 8, 9, dagegen 10.

Auffallend wäre dann für den ersten Blick nur, dass diese Bedeutung in den betreffenden Namen nicht durch irgend einen praepositionellen oder verbalen Zusatz jedesmal angezeigt wird, etwa wie לאל oder יסמכיהו. Allein solcher Hypokorystica haben wir nicht nur sonst im Semitischen und in anderen Sprachen eine Menge,[1]) sondern selbst im Hebräischen finden sich Beispiele dafür wie עטרת Jud. 3,31, בעל (vgl. Z. 27, 404), [2]) יהוא, מלכה u. a.

Ist nun aber ein Dämonenglaube überhaupt bei den Hebräern sonst noch nachweisbar?

Für die spätere Zeit sind wir um Belege dafür nicht verlegen. Der jüdische Volksglaube[3]) kannte eine Unzahl von Morgen-, Mittag- und Nachtgespenstern. Als מלכא דשידא[4]) wird uns der schadenfrohe Asmedai bezeichnet, er heisst auch רבהון דרוחתא.[5]) Auch ein weibliches Oberhaupt der Dämonen nennt der babyl. Talmud (Pesah. 112a) אגרת בת מחלת (vgl. das nom. propr. hebr. מחלת). Allein eine solche Ausprägung der Dämonenlehre ist zumeist auf babylonischen und

---

[1]) Im Aeg. (Champollion, gramm. égypt. I 136: Ῥαμ; (z. Z. Ramses' II), Ḥ6ὅ, Νίκωχρις phön. (vgl. Bloch, Glossar 16¹): אסמן (vgl.? das idum. אסבן; ב in moab. דיבין für מ in hebr. (דימין), חר (CIS 46 auf Kypern) קצי): קצת -ן- Manät .arab וּ Meni .hebr .vgl מנ — aus ?] מנקצת. מלקרת. מלך vgl. Baudissin I 239)]. בטלת. צד (vgl. Euting. Karth. Insch. I 74), palm.: Ledrain l. c. 14 שדי. עשחור, 32. שוי u. a. KAT. I 110, Mariah (מרא) von Damask. Levy l. c. 19 שמס, arab. (Z. 7, 493), Hobal. (vgl. noch Schröder 253f. Goldziher 277, Pietschmann 140²).

²) Vgl. Hommel 612. v. Gutschmid, Neue Beiträge 55. KAT.¹ 105 vgl. das יהי auf einer bei Gaza gefundenen Münze (Numismatic chronicle 1877); für י ist wohl besser ד zu lesen, vgl. die Inschr. von Carpentras, wo sich auch das ה in derselben Form findet. Selbst als יהד (vgl. יהודה) hätte die Legende ihre hohe Bedeutung.

³) Ueber Dämonologie und Pneumatologie der Alten vgl. Lessing. „Wie die Alten den Tod gebildet". W. V, S. 367. — Gesen. Jes. I 9;6. Lenormant. d. Geheimwissensch. Asiens 23. 16—70. Babl. Nidda 24b. B. batr. 73a u. a.

⁴) Vgl. Gitt. 68. Pesah. 110. Targ. Koh. 1, 13. אסמדאי Ἀσμοδαῖος; erst im B. Tobit; zu רוח vgl.? phön. nomina propria ארברה u. חקרת.

⁵) Vgl. Midr. r. ber. 36; wajj. 5; andere Dämonen sind: סמה Sot. 48a. סמאל vgl. Hamburger l. c. 1030. im Zohar אלאחר (ein Euphemismus und auch sonst i. Hebr. vgl. Z. 31, 249. 37, 15 fg. u. Chwolsohn, Ssabier, Lagarde, Ges. Abh. 17 u. Geiger, Urschrift).

persischen Einfluss und damit auf akkadischen Ursprung zurückzuführen. Die Chaldäer kannten von den Akkadern her eine ganze Welt voll böser Geister, die eine bestimmte Rangordnung innehielten.

Bekannt ist auch die Gepflogenheit der nachbiblischen Schriftsteller, ähnlich wie das Christentum und der Islam, die nicht anerkannten Gottheiten teilweise zu Dämonen herabzusetzen oder zu Dienern des wahren Gottes zu machen (vgl. Baudissin I, 110 fg.) Aber schon das Alte Testament lässt es an Spuren eines hebräischen Dämonenglaubens nicht fehlen. Es kennt in den Se'îrim, Šedim, in 'Azaz'el und Lilit feindliche Dämonen,[1]) welche den Menschen in der Wüste oder sonst an unbewohnten Orten plagen. Hindeutungen hierauf sollen, nach einigen, auch die Erzählungen enthalten, dass Mose sich, von Jahwe angefallen, nur durch das ihm schuldige Opfer der Beschneidung seines Sohnes rettete, und der Ringkampf Jakobs am Jabok. Ferner war bei den Hebräern auch die Anschauung heimisch, dass der Schwermütige, der Seher u. ä. von einem Dämon besessen seien.

Der Hebräer dachte sich diese bösartigen Mächte stets als im Finsteren, im verhüllenden Dunkel wirkend. Schon der Abend war ihm, wie dem Aegypter und Griechen, das Symbol des Unglückes (Jer. 6, 4), des Alters (Koh. 11, 6), der Todesnähe (Ps. 90, 6); die Nacht galt ihm gleich der Unterwelt, welche seine Phantasie mit allerlei Schreckgestalten bevölkerte. Von Bildern des תהום und חשך weiss die Mekilta cf. 68a zu erzählen.

Aehnlich wie der Grieche Λήρ, θάνατος und λήθη, der Römer Lethum, Mors und Pluto schied, so hatte der Hebräer sodann allem Anscheine nach auch einen besonderen Mût, einen Dûma und einen Se'ôl. Mût, „das kraftlose Sichhinstrecken", ein uraltes semitisches Wort, ist, nach Philo von Byblos, ein

---

[1]) Baudiss. I 128. 137 fg. Lenormant 36. Gesen. Jes. 13. 21. Azazel: Lev. 16, 10. 26 (vgl. Tob. 8, 3. Bar. 4. 35. Matth. 12. 43. Luk. 11. 24. Offenb. 18,2. Norberg, Onomost. p. 92: 'A. einer der 4 Höllenwächter.) — Vgl. LXX zu Dt. 32, 8. Ps. 58. 82; Ex. 13, 21 vgl. B. kam. 92b. Schenkel. Bibel lex. I 255. V 599. Lagarde, Symm. 56. (Ein persischer Dualismus um diese Zeit ist erst nachzuweisen).

Sohn des El, er lauert nach phönikischer wie nach jüdischer Vorstellung in der Nähe des Absterbenden; er genoss göttliche Verehrung in Hadrumetum, vor allem aber bei den Gaditanern.¹) Der Name findet sich in phönikischen geographischen Namen und im Alten Testament in צלמות (vgl. Nöldelke, Unters. 89 Anm.: צלפחד), ירמות (vgl. ירושלם, חצרמות (eine Landschaft Arabiens vgl. הצר־אדר), אחימות (vgl. אחיטוב u. ä.), צומות (vgl.? phön. (ענת עו חיים, מרמות (vgl.? מריה). Hierhin gehört vielleicht auch das nom. propr. Mut-addu in den Tel-el-amarnatafeln und der noch heute übliche Flussname Nahr el Môt (vgl. Bäd.-Socin). Dûma, „das Stillschweigen", ist der Name des Todesengels nach der Aggada. So heisst ferner ein ismaelitischer Stamm in Arabien und der Ort Dûma (nabat. דומא Med. Sal. 8, 2) an der syrisch-arabischen Grenze, letzterer wohl von seiner Lage in einem felsigen Thale. Beachtenswert ist auch der Name des Ortes Dûma im Haurân, wegen der zahlreichen daselbst gefundenen Steinsärge. Sonst kommt Dûma noch in Edom vor, während Jos. 15, 52 nach den älteren Codices und den Uebersetzern wohl רומה zu lesen ist.

Die Wohnung der Abgeschiedenen dachte man sich an dem dem Himmel gerade entgegengesetzten Orte. Der Name Še'ôl, nach Fr. Delitzsch šu'âlu „gewaltige Stadt", ein Synonym von Kabru „Grab", erklärt den des Nergal, assyr. Nêuru-gal²), als „Machthaber der grossen Stadt" d. i. der Totenstadt. Vielleicht ist Še'ôl auch in den nom. propr. K. 294,3 Amat(ilu) Šu-'la, K. 433, 5 Su-la-a, K. 326, 23, Ša-u-la-a-nu und in Bit Ša'alli zu vermuten, welch' letzteres an das hebr. בית רפה erinnert.

Als hierher gehörige Eigennamen sind, nach Analogie des arabischen jinn, des hebräischen צלם טלם, אפוה u. ä. zu nennen: אליחבא ילין, חפה, צלה, סתרי, כתיר, נחבי, לוט u. a.

Diesen Dämonen des Todesgrausens und der Finsternis

---

¹) Vgl. Philostrat vita Apoll. lib. V c. 4 τον θανατου μονοι αυθρωπων καταψαλλουσι .. vgl. Strabo p. 172, 175, 173. - Pietschm l. c 193. — Dozy 78, 95. (Zu חבץ vgl. Movers 547. Rev. 1881, 198.)

²) Sein eigentlicher Name war Sarapu vgl. שרף (im Phön. nom propr.) nach Hommel l. c. 373.

stehen im hebräischen Volksglauben, wenn auch jedenfalls nicht so verehrt, weil nicht so gefürchtet, da dem Hebräer ursprünglich auch „Schrecken" und „Gottheit" gleichbedeutend war,[1]) freundliche Dämonen, die Schutzherren des Hauses, die Spender des Lichtes und des Glückes gegenüber, wie: הוד, טוב, נעם, שוע (vgl. KB. Sulm-aš II 165 u. a.: Sûa), אור, נר, עלבון, חיל, שחר u. a

Solche Namen finden sich in Zusammensetzung mit אב, אח u. ä., was auf den Zusammenhang des Dämonenglaubens mit dem Ahnenkulte hinweist; wir finden denn auch so die Stammheroën der Hebräer, wie יוסף, אששבר, ימק, אשר, גד benannt. Auch mit El, Melek und Johwe verbinden sich diese Dämonennamen frühzeitig, dagegen fehlt, bezeichnend genug, eine solche Verbindung mit Ba'al, da der kana'anäische Kultus sich mehr den Dämonen der Natur als, wie der hebräische, denen der Familie zuwendet. Doch auch von Naturverehrung finden sich bei den Hebräern Spuren.

---

[1]) Vgl סחר 1. M. 31, 42. 53 — 32, 10 (אלהים 2. M. 20, 17; אימים Jer. 50, 38. Ps. 88, 16; Baudiss. I 87; vgl. Rev. 1882, 161.

Naturkult.

Es begreift sich leicht, dass auf den Hebräer, selbst wenn er nicht schon in Kanaan einen solchen Naturkult vorgefunden hätte, hier, wo vielleicht eher als irgend sonst der Mensch sich als Spielball der launenhaften Naturmächte betrachten muss, die Erscheinungen der Natur, der Wechsel der Jahreszeiten u. s. w. zumal in ihrer Bedeutsamkeit für den Feldbau, einen mächtigen Eindruck ausgeübt haben,[1]) dass er das verheerende Gewitter, die sengende Sonne, das furchtbare Erdbeben ebenso fürchtete, als er den erfrischenden Regen, vor allem den belebenden und befruchtenden Tau herbeisehnte.[2])

Pott 93 deutet Namen wie Faulwetter, Schönwetter, Hagel, Donner, Blitz, Sturm; Clermont-Tonnerre, Schnee, Nebeltau durch die hydrologischen Umstände bei der Geburt des Kindes, aber schon bei nom. propr., wie „Luft" u. ä. wird er stutzig. Stellen wir uns aber auf den Standpunkt eines Menschen, der die gesamte Natur als Offenbarung darin waltender Mächte verehrt, so kommen wir mit der Erklärung nicht in Verlegenheit. Besonders der erfrischende Tau war dem verschmachtenden Wüstensohne der heissersehnte Gruss der Gottheit, er blieb es auch für den Ackerbauer. Dies deuten nom. propr. an, wie אביטל und חמוטל (vgl. 'Abiṭul nom. propr. Moʻed. kaṭ. 18a). Vom Regen (vgl. Hos. 6, 3. Ps. 68, 10) be-

---

[1]) Ueber Nymphen s. Chwolsohn l. c.: Lange, Gesch. d. Mater.' 84; Rev. de l'h. d. r. 1881³ 211.
[2]) Vgl. 2 Tal. bei Chwolsohn II 295 f. Ueber של s. auch Levy, Ch. Lex.; im Arab.: „leichter Regen", Rosenmüller l. c. 3. vgl. Ri 6, 37. — Pietschm. 232. — שטר השל misnisch im Gegensatz zu שרב. Baudissin II 148 fg., 151³. — Dunker l. c. 305. Giesen. Jes. I 803, 807. — Bohlen. Genes. 277 u. Baudiss. 1 32, 72, 241 u. ders., Jahve et Mol. 23.

nannt sind יורה – חרף, מטרי, נשם, (?) גשם; nach dem Hagel ברד (auch nabat.), nach dem Blitze: ברק (auch phön. sab. palm.) und nom. propr. u. בני ברק; nach dem Donner: קולה, vgl. βοανερχές = בני רגש (cogn., von Christus den Söhnen des Zebedaeus beigelegt Marc. 3, 17) und רעמה, eine Stadt der Kuschiten (mi͜ẹn. u. assyr.). Von dem Meteorsteine hat vielleicht den Namen רצפה, vom Winterwetter: Neh. 7 חרף (vgl. 1. Ch. 2, 51 הרף = יורה Ezr. 2) und אליחרף, vom Eise? קרח vgl. phön. חקרת (א?).

Natürlich wurde der Landmann bald inne, dass die Vorgänge oben am Himmel das Schicksal der Ernte bestimmen, dass die Wolkenbildungen ihm das Wetter verkündeten, dass von dem Laufe der Gestirne der Wechsel der Jahreszeiten abhängt u. s. w. So schliesst der Naturkult naturgemäss auch die Verehrung der wichtigsten Gestirne,[1]) als auf die Erde einwirkend, mit ein; der Mond ist es, der den Tau spendet, die Hyaden bringen den Regen. Von einem Fatalismus[2]) findet sich aber bei den Hebräern keine Spur. Die Gestirne wandeln nicht unentwegbar ihr Geleise; sie kämpfen mit ihrem Schützling gegen den Feind, aus ihren Bahnen treten sie, ihren Lauf unterbrechen sie auf des Menschen Wunsch. Der hebräische Astralkult ist also nichts weiter als einfacher Fetischismus. Schon für den Nomaden hatten die Sterne eine hohe Bedeutung als Wegweiser, als Verkünder des ersehnten Regens, tobender Stürme, des Wechsels der Jahreszeiten, der Periode der Begattung der Tiere; bald bewirken sie das Gedeihen der Herden und gute Weide, bald das Versiegen der Brunnen u. s. f. So kam der Fetischdiener leicht zu dem Glauben, dass dasjenige, was ihn da oben leitete, dem Geiste der Ahnen vergleichbar sei, und wie seinen Fetisch glaubte er auch die Gestirngeister beeinflussen zu können.

---

[1]) Vgl. Goldziher 268; Tiele, „Max Müller u. Fritz Schultze"; S. 71 f. und Baudiss. Stud.; über Gestirngötter bei Plato s. Stein, Gesch. des Platonismus I 272; Baudiss. I 144. — Dunker 1. c. 305 f.

[2]) Auch nicht in nom. propr. phön. wie אסמנער בעלצלח u. ä. — Für בסיל Jos. 15, 30 LXX; Βαιθίλ vgl. Jos. 19, 4 בתיל. – Ri 5, 20 vgl. Dozy 115¹. — E. Meyer 178. Tiele. Comp. 71, 72, 97. Zwölfzahl bei den Abrahamiden: Berthean, Zur Gesch. 206, 208 vgl. Goldziher 126. Z. 40, 166. — Jer. 5, 2. 10, 2 — Sanchûnjatôn 10 Note 5.

Der Sonnendienst vor allem war bei den alten Semiten heimisch. Šamaš gebörte bekanntlich zu der zweiten Göttertrias der Babylonier (Sin, Šamaš, Ramân) und war hier eine Zeit lang höchste Gottheit. Ebenso erscheint er in Nordsyrien der Natur des Landes entsprechend als höchster Gott[1]), daneben — in Sendjirli — als Hauspatrone: Hadad, El, Rakubel, in Palmyra[2]) als שמשא, dem u. a. im Sonnentempel zu Baalbek חמנים errichtet waren (Vogüé, Palm. 123a), die Phöniker und Karthager verehrten ihn als שמש oder als בעל חמן (vgl. Bäthgen 61), die Araber als Šamš.[3]) Dies spiegelt sich wieder in nom. propr., wie ass: K. 308, 11. Ard-Šamaš u. v. a., aram.: Levy, Siegel S. 12—17 שמש (?) בלויד, aus pers. Zeit: שמששדרי. Ledrain, nom. propr. palm. p. 32 שמשגרם Σαμψιγέραμος. phön.: (Bloch, phön. Glossar) אדנשמש, עבדשמש und ובחשמש (Monatsname); arab.: Z. 41 עבדשמש. Z. 40, 166; בני שמש u. a., vgl. Wetzstein, Reisebericht 76 Σαμσος, K. 12, 65 nom. propr. fem. Šamši. Tigl. Pil. III (Rost) 37 Samsi von Aribi, vgl. KAT¹ 26, wo Arabien als Šamšië, „die der Sonne geweihte", bezeichnet wird; ḥimj: סבניפע, צדקיפע u. a. sab. כבניפע, דרחאל u. a. m.

Haben wir nun für einen ursprünglichen Sonnenkult auch bei den Hebräern Anzeichen? Wir hören 2. Kg. 23, 11 von Sonnenrossen im Tempel zu Jerusalem, diese können jedoch auch auswärtigen Ursprunges sein. Sichereren Anhalt geben uns eine Anzahl nom. propr., zunächst מיצא (vgl. Ps. 19, 7), יפיע (vgl. sab. יפען), יורחיה, welche sich auf die aufgehende Sonne zu beziehen scheinen. זרח ist nach Movers I, 220 ein

---

[1]) C. Monteflore (Hibbert Lect. 1892) p. 59. — Dunker I 209.
[2]) Vgl. Strabo p. 753 § 11 Σαμψικεραμος aus Emesa (sein Sohn Ιαμβλιχος מלך· vgl. den gleichen Namen des bekannten Philosophen·. — חמן nach Raschi (vgl. Ges. lex¹⁰; [Sonnen]säule des Baal solaris, dagegen Halévy in J. As. 7 XIII 206 fg; Mélanges d'épigr. 44 fg., vgl. Chwolsohn I 182. II 212. Z. 31. 730⁴. 32. 555. 37. 366. Pietschm. 213. Rev. 1881. 1913. Stade, Zeitsch 10 S. 212. Levit. 26, 30 LXX. חמים zu vgl. mit בעלים אשרות sab. אשמם; Joseph. bell. jud. IV 1. 3 Αμμους = חמאית vgl. nom. propr. hebr.: חמיאל vgl. KAT.¹ 42 Ha-am-mu-ra-bi: Bäthgen 25. Rev. d. Th. d. rel. l. c. 204. Baudissin, Jahve 44. Bäd-Socin: Wâdi Chamân; Gesen., Monum. 171 fg. — Amon vgl. Jer. 46. 25.
[3]) Dunker 365, vgl. Goldziher 26¹. — E Meyer l. c. 490, Šamšie.

Name des Adonis, Σέραχος ist auch der Name eines kyprischen Flusses, welcher jedenfalls von Parthenios unter dem Ἴαμος gemeint ist, und Ἰώ hiess Adonis als Sohn der Morgenröte, sowie auch sonst der Morgenstern und der Aethiopier Memnon als ihre Söhne bezeichnet werden. Sie selbst erscheint im Alten Testament häufig personifizirt[1]) und scheint in nom. propr. gemeint zu sein, wie כפר שחרא, שהריה, שחרים vgl. Bet Zacharias.

Wir haben sodann einen Ort שמש עין in Da$, ein בית שמש (= 'Ain Šems) in Issakar und Naftali, חמת in Naftali und Ašer, einen Sonnenberg Ri 1, 31 vgl. הרס תמנת Jos. 2 (Grab Josuas), wir kennen ein ציר חרם, ציר שמש vgl. קיר חרס in Moab, Namen, welche den Astralkult als Fetischismus erkennen lassen, was sich vielleicht auch daraus vermuten lässt, dass die LXX das nom. propr. u. בסיל „Orion" Jos. 15, 30 in Juda durch Βαιθίλ (vgl. בית שמש u ä.), entsprechend dem בתיל in der Parallelstelle Jos. 19, 41, wiedergiebt.

Hierhin gehören sodann die nom. propr. שער החרסית, das Sonnenthor zu Jerusalem, die nom. propr. m. שמשי (auch palmyr.), שמש (Levy, Siegel S. 19) und der Name des Sonnenheros שמשון, der auffallender Weise Talm. bab. Sota 10a als Name Gottes bezeichnet wird, vgl. Ps. 84, 12 שמש = יהוה, und das nom. propr. המואל 1. Ch. 4, 26 vgl. KAT.¹ 42¹ Ha-am-mu-ra-bi und Sulman-haman-ilani KB. Assurn. 65.

Die Etymologie (שמשן[2]) von שמש machen auch die LXX wahrscheinlich, welche Σαμψών schreiben, und dieses ist zusammenzustellen mit Ledrain 32: Σαμψέραμος = palm. שמשרם.

Etwas weit geht Goldziher, wenn er S. 133 חישים (= חשם Ezr. 2, 19, altes israel. Geschlecht) auf die schnelle Bewegung der Sonne, זבולן S. 204 auf ihre runde Gestalt, die Namen, welche von Farben entlehnt sind, auf ihren jedesmaligen Stand bezieht S. 174—179 vgl. Jes. 24, 25. Eher sind hierher

---

¹) Iob 3, 9. 41. 10. Hohel. 6. 10 u. a. vgl. Rigveda X 89. 1 23. 4. IV 30. Bäthgen 176 (Goldziher 140: sahir „Zauberer"?). — E. Meyer 307.
²) S. Stade, Zeitschr. 3, 50. Rev. S. 182. Z. 15. 806 — vgl. Stade, Zeitsch. 6, 317. Rev. 1881, 165 fg. D'Eichthal, Mél. de crit. bibl. Paris 1886 p. 351 fg. 361. — Chwolsohn I 153, 204, 385 II 67, 156, 168, 290 (über sab. Sonnendienst u. s. w.).

zu zählen צדר, יור, יעיר, יודה, פּקחה, פּתח (öffnet den Mutterschoss der Erde), ferner בית מרכבות Jos. 19, 5 (Sonnenwagen!) und vielleicht Jos. bell. jud. IV 1, 3 'Αμμαοῦς = חמאות, vgl. בעלים, עשתרות, אשרות sab. אשמם u. a.

Es fehlt also im hebräischen Volksglauben, selbst wenn man die Lokalnamen den Kanaʻanäern auf Rechnung setzt, nicht an Spuren eines alten Sonnenfetischismus.

Wir kommen nun zum zweitgrössten Gestirn, zum Mond. Sin war in Babylon erst die zweite, dann die höchste Gottheit, als „Gott" schlechthin; der babylonische Mondgott[1]) hatte in Harrân in Syrien und zu Ur in Chaldaea seine altberühmten Heiligtümer, er wurde auch in Jemen verehrt, ein himjarisches Siegel zeigt ein nom. propr. בן שׂין (Levy, Siegel 48), der Berg Sinai, sowie die Wüste סין und der gleichnamige Ort (= Pelusium) scheinen nach dem Gotte den Namen zu tragen, noch heute haben wir in Palästina einen Nahr es Sîn (= N. el-Melek) und vielleicht sind auch die סיני am Libanon ähnlich benannt; der Ursprung des Namens Sîn ist noch nicht genügend aufgeklärt.

Bei den Arabern[2]) ist uns der Mondkult vielfach verbürgt, im Besonderen durch nom. propr. wie Z. 41 עבדאלחדת (חדת = חרש), Abu Hilâl u. a., vgl. Z. 40, 166; Z. 7, 469. 483.

Nach Goldziher S. 93 ging der Mondkult dem Sonnenkulte vorauf, wie die Nacht dem Tage, und wie die Nomaden nach Nächten und nicht nach Tagen zählen (ebend. S. 70). So scheint auch bei den Hebräern ursprünglich der Mond die grössere Rolle gespielt zu haben, wovon ein stark wuchernder Mondaberglaube in Palästina beredte Kunde giebt, der zum Teil wohl auch daher rührt, dass der Mond als Zeitmesser benützt wurde.

---

[1]) Tiele, Comp. 83. Hommel 376, 394. Dunker I 266. Delitzsch, Paradies 165. Stade, Gesch. I 447. Goldziher 184. 1. Ewald, Gesch. II 57²; Hommel 213 (Sin) über Aglibol s. Baudiss. II 194 f.

[2]) Tiele l. c. 72 vgl. nom. propr. l. מנת in Ammon und die מ' der Exulanten; Bäd-Soc. in Phön.: Derb es Sin vgl. 'Ain Siniya (= ? Jesana 2. Ch. 13. 16) und Sinân bei Rückert-Hamasa 155 (vgl. סין Sohn des Attar bei Hommel, Südarab. Chrestom. 1893). — Z. 7, 469. 483. Wellh., Skizzen 3; Rev. 81 184 ff. — Deus Lunus s. Chwolsohn I 170 u. a. Mov II 159. Dunker 337.

Besonders der Neumond hatte bei den Phönikern (vgl. nom. propr. בנחדש [Bäthgen 61] und heut: Derb es Sîn und Ain Sîniya und Hebräern eine eigene Bedeutung. Er wurde in Palästina, und wird noch heute bei den Juden, mit religiösen Gebräuchen gefeiert. Es fanden mit Vorliebe am Neumondstage festliche Zusammenkünfte der Familienmitglieder, religiöse Versammlungen statt, Reisen wurden gern an diesem Tage angetreten. Das alte Wort für Neumond ist „Hilâl", woher auch der Festesruf „hallalu" bei Hebräern und Phönikern[1]) bei Ernte und Weinlese, die jünger sind als die Mondfeste.

Von nom. propr. des Alten Testaments sind hier zu erwähnen לבנה, altes levitisches Geschlecht Esr. 2,45 u. s. und nom. propr. u. Jos. 10,29 u. s. „weisser Mond", denn „Weihrauch" wird erst etwa seit Jeremia im Kultus verwandt, und entsprechend ירחו „gelber Mond", so von den Hebräern aus „Palmenstadt" umgetauft; ferner לבנן „Mondgebirge", שיחור לבנת, vielleicht auch, wenn man an den heutigen Namen Nahr Zerkâ „blauer Fluss" denkt, auf die Farbe zu beziehen. חדש, חדשה (?), בצרה (?) מולדה, מוליד, welch' letztere an die spätere Identifizirung der Astarte mit der Mondgottheit erinnern.

Was schliesslich die übrigen Gestirne anbetrifft (vgl. Kôkab, heut Dorf in Palästina, nach Bädeker-Socin, und nom. propr. jud. Bar Kôkba), so hat für uns noch besondere Bedeutung der Saturn.[2]) Er ist bei den Syrern dem El, in Babylon dem Bel geweiht, als „Stern der Sonne", und wird auch

---

[1]) Vgl. Münter, Rel. d. Karthager 23[7a]. — Gesen. Jes. II 341.
[2]) Tacit. hist. 5.4. Dio Cass. 37, 17. Tibull I 3, 17 (dies Saturni, Saturday). — Zu שבת vgl. Apostelgesch. 7, 43. — Dozy 33, De Dieu. crit. sacr. 559. Oehler, Theologie 133. Dunker 332. 336. Movers 36. 291. Chwolsohn II 172. Z. 32, 466, 40, 281. Lagarde, psalter. 155, 158, Lagarde, Ninive (deutsch) S. 416. Tuch, Genes. 11. — Zu Kejvân s. Goldziher 207. J. As. 1859 p. 271. Schrader, Geschichte etc. 84. Z. 22, 231, 23, 618, 42, 472[4]. Baudissin I 209. Bertheau, Zur Gesch. 248[1]. Pietschm. 239[6] — Zu בית s. Goldziher 269. Stade Ztschr. 3, 113. Baudiss. I 21, 22[1,3], 232 fg. Dslb., Jahve et M. 38. Rev. d. Th. d. rel. l. c. 189. Dozy 106 u. a. Norberg, cod. Nasar. Bd. I 547, 2-5. Zu בית בניה vgl. H. Hildesheimer, Beitr. z. Geogr. Pal. 43 fg.

mit Molok in Verbindung gebracht. Diesen Bel-Saturn machte man zum Urahn der Semiten und identifizirte ihn mit Abraham. Insbesondere wird der Saturn, von den Rabbinen שבתי genannt, als der Stern Israels bezeichnet und ihm, als dem Sterne, der am Sabbat regiert, dieser Tag geweiht. Er erscheint im Hebräischen unter den Namen des Keivan, Sakût und Adar vgl. Kemân bei Ribla (Bäd.-Soc.) und (ebendas.) Sabbatfluss, mit dem anderen Namen Sûkût; LXX setzen für סכות Μολόχ ῥαιφάν, wofür offenbar Καιφάν stehen soll.

Den כיון sollen die Israeliten schon in der Wüste verehrt haben, sie scheinen ihn von den Arabern herüber genommen zu haben. Ob sein Name von כון herzuleiten und mit „essentiator" zu übersetzen ist, ist noch nicht ausgemacht. Nach Ibn Ezra zu Am. 5, 26 hatte er die Gestalt eines Esels, was an die bekannte Erzählung des Tacitus erinnert. Bei סכות, welches die LXX auch mit „τὴν σκηνήν" übersetzen (vgl. בנות סכות und עמק סכות), und welches — vgl. den Dienst des Baʻal Peʻor — einen aphrodisischen Charakter gehabt zu haben scheint, denkt man an das Adonisfest zu Byblos.

Sakût sowohl als Kewân sind — nach Schrader, Studien und Kritiken 1874 S. 324 Beinamen des Adar — Saturn, welcher sich in nom. propr. findet, wie ass. אדרמלך, Name eines Idols und eines Sohnes des Sanherib; phönik., falls nicht אדר appelativ zu nehmen (vgl. CIS 2 אדר ממלך und CIS 132 oder gleich הדר), in אדרמלך vgl. Adarmalik (Meyer, Gesch. S. 473), אדרבעל; hebr. אדר nom. propr. m. und l. in Juda, wo auch ein הצר אדר, wofür Jos. 15, 3 חצרון (vgl. sab. הצֹר = Tempelhof), אדרם (vgl. Baudissin, Jahve et Moloch 38¹) 2. S. 20, 24 ist gleich אדנירם.

Mit Atergatis (Gesen. Jes. II 342 = אדרגד) aber hat אדר nichts zu thun. Es bleibt noch zu erwähnen, dass der Monat, welcher dem semitischen (bab. Addaru arab. אַדָּאר, hebr.:) אדר entspricht, im Persischen Ader heisst, dass sich hier auch ein Feuergenius Adar findet, woraus sich der Zusammenhang des סכות-בניתך – Adar-Saturn mit Molok vermuten lässt, und dass im Peblewi „Kwan" das Wort für Zeit ist, ähnlich wie im Aegyptischen der Zeitgott Chon heisst. Es liegt also hier wiederum eine gemeinsame Entlehnung aus dem

Akkadischen vor. Im Uebrigen ist zu bemerken, dass der babylonische Gestirndienst wohl nicht vor der zweiten Hälfte des achten Jahrhunderts zu den Hebräern gekommen ist. Was die Hebräer von Hause aus an Astralkult übten, geht nicht über den Rahmen des Fetischismus hinaus, alle Mächte des Himmels offenbarten sich nur auf Erden, und diese besondere Seite des Fetischdienstes scheint nach der Ansiedelung in Kanaan anfangs vor den übrigen Gottesdiensten zurückgetreten zu sein.

Fetischismus.

Fetischismus bei den alten Hebräern deuten nom. propr. an wie רצפה, ביתצור, (? vgl. Journ. asiat. 1867 p. 498, rev. de l'hist. des relig. 1881[3], Lenormant, les Bétyles), auch צוריאל, פדהצור, אליצור und צורישדי; denn selbst wenn sie nur als Metapher zu fassen sind und für jene Zeit, aus der sie überliefert werden, nichts beweisen (vgl. Th. Ltrztg. 1877 S. 257), so lebt doch darin sicherlich noch das Andenken an einen früheren Fetischismus fort.

Der Früchte tragende Baum, der lebendige Quell (מים חיים) und der hohe Berg, auf dem sich zuerst und zuletzt der Glanz der Gestirne und der düstere Wolkenmantel des Gewittergottes zeigte, waren nach den Anschauungen des Urmenschen jedenfalls die freiwillig gewählten Sitze der Geister, in denen sie sich nach Belieben offenbarten. Der Stein dagegen war eine Wohnung, in welche man den Dämon hineinlockte, um über ihn verfügen zu können, ähnlich wie Salomo nach der jüdischen Sage, den Asmedai in den Berg hineinzaubert, (vgl. die Sage vom hinkenden Teufel).

Die Sitte der Betylen war über die ganze alte Welt verbreitet und besteht bei Naturvölkern, in Indien und sonst bis heute. In Kleinasien wurde die Kybele als ein schwarzer Stein verehrt, der später von den Römern auf Staatskosten aus Pessinus in ihre Hauptstadt gebracht wurde. Zur Zeit des Pausanias sah man noch zu Pherae dreissig viereckige Steine mit Götternamen; zu Delphi wurde täglich ein heiliger Stein mit Oel begossen u. s. w.

Aehnlich wie die Ḥimjaren dem Attar,[1]) so bauten auch

---

[1]) S. Praetorius, Beiträge 4 fg. — Tiele 276. — Bohlen, Gen. 285. — Sanchûn. 30. — Ueber arab. Fetisch. s. Stade, Gesch. I 407. —

die Hebräer Jahwe Altäre aus unbehauenen Steinen, und lange Zeit weigert sich der Gott, in einem Wohnorte von Menschenhand seinen Sitz aufzuschlagen, worin der Kampf der Propheten, besonders Hoseas und Jeremias, gegen den volkstümlichen Fetischismus durchleuchtet. Solcher Fetischdienst ist von den heidnischen Hebräern sicherlich ebenso wie von den Arabern, Aramäern [vgl. nom. propr. בר צר (Sendjirli)], Phönikern und anderen Semiten geübt worden, wenn auch nicht in solchem Masse, wie etwa bei den Phönikern, in deren Mythologie sogar ein „Betyl" sich personifizirt findet.

Solche Steine kennt das Alte Testament in Sor'a, 'Ofra, Bet-Semes, ferner den אבן הזחלת „Schlangenstein", den אבן הזחר, wo die LXX bezeichnender Weise τοῦ ἰοχθοῦ haben, bei Mispa von Samuel gesetzt [vgl. אבן האזל (Wellhausen, Proleg. 117) und אבן הבהן]. Solchen Fetischen schrieb die Sage jedenfalls geheime Kräfte zu, so etwa, den Dürstenden mit Wasser zu laben, wie der Fels in der Wüste (vgl. 1. Corinth. 10. 4). Der Betyl wurde auch Ab-adir genannt (Rev. de l'hist. des relig. 1881[3] 40fg.), was eine ähnliche Verehrung des Ab-râm vermuten lässt. Sehr bemerkenswert ist auch die Nachricht Talm. babl. Joma 54a, dass im Tempel zu Jerusalem, angeblich seit den Zeiten der ersten Propheten, ein Stein aufbewahrt wurde, den man den Grundstein nannte. Dies erinnert an den Stein in der Kaaba.

Eine dunkele Erinnerung an solchen Kult scheint sich ferner in Berichten erhalten zu haben, wie in dem von der Verwandlung der Frau Lots; der Stein wird noch heut

---

Ein אבן אל zu Nisibis noch im 4. Jhrhdt. s. BAK. 1880 S. 772. — Der Mythos nennt die Gestirne: Steine s. Goldziher 195. -- Stade, Ztschr. 3. 10 vgl. Jer. 2. 27. Hos. 4. 12 u. a. Zu ציר vgl. Gen. 31. 13. 45. 85. 20. 49. 24. Dt. 32. 31. (ציר אל, LXX Deut., wie im Psalt.). Jos. 10. 27. 24, 26. Jes. 8. 14. 26, 4. 30, 29. 31. 9, 51, 2. Ps. 71, 3. 2. Ch. 26, 7 LXX. — Zu לילי vgl. ? arab. nom. propr. Dâra-golgol und Ri 3, 19. Hos. 9. 15. ferner Z. 15. 809. 40. 1602. 254. Stade. Zts. 3. 10. Stade. Gesch. 1 456 fg. Dozy 20[4]. 30. 119. Chwolsohn I 300. Rev. 9. 178. Movers II 1.140 (Balezorus vgl. בשלי יהוה). Ewald 449. Pietschmann 206 fg. Rosenmüller I 125. Oehler 172. J. As. 1867. 498. — Brzoł bei Sanchūn., Gottheit mit ihrem Sitz identifizirt. vgl. CIS 227. 4 מקם אלם „der die Götter d. h. ihre Tempel aufrichtet" (Ehrentitel, wie arab. Rokneddin. Roked-daula, en Nāssir li din Illah).

gezeigt (vgl. die Steine Isâf und Nâila zu Mekka und die Niobesage).

Wenn auch der religiöse Gedanke dieses Gottesdienstes immer mehr in den Hintergrund gedrängt wurde, die Sitte solcher Namengebung selbst hat sich, wie wir aus dem midjanit. nom. propr. m. צור u. a. ersehen, noch lange erhalten, sie ist, so scheint es, wie auf andere spätere Kulte, sogar auf den Jahwismus übergegangen (צריה vgl.? אליצוה). So erscheint auch Jahwe als צור עולמים, צור ישראל (vgl. Jerus. Berak. 1, 5. 7, 3 צור als „feststehend im Laufe der Zeiten", als צייר „Bilder" und andere spätere Deutungen); so werden auch Steine als Denkmäler für Jahwe errichtet, und die Aegypter werden, nach des Propheten Wort, einst den Gott der Hebräer gleichfalls so verehren. Jes. 19, 19.

In engster Verbindung mit solchen Steinen werden im Alten Testament Bäume genannt, so Eichen, Tamarisken, Palmen, Pinien; auch der Granatapfel und die Myrthe hatten ähnliche symbolische Bedeutung. Im Baume offenbarte sich am deutlichsten die lebenerzeugende Gotteskraft,[1]) weshalb wir solche heilige Bäume vornehmlich weiblichen Gottheiten geweiht sehen. Man begrub gern unter Bäumen, so Debora, Hosea u. a.; so fand man Bäume auf den Steinsärgen zu Warka im ehemaligen Assyrien abgebildet. Unter solchen Bäumen

---

[1]) Baudissin II 185, 189, 197, 200 ff., 204, 209, 223, 249, 223, 249¹². Wetzstein, Reisebericht S. 15³. Z. 7, 486 f.: 31, 253 fg. Sanchûn. (Orelli) p. 5¹⁰ u. 18. Babl. Kidd. 73 b. Vgl. צלח׳ת׳ בצלאל (s. Z. 23, 364; nicht wie Redslob 30). צלה (?) הצלחני׳ vgl. im Psal. צל שדי, צל בנפך. — Baudissin, Jahve et M. 51 und Drslb., Studien I 234. — Pietschm. 213. Chwolsohn II 187, 225, 203, 784. — Nom. propr. nach Pflanzenteilen u. ä. s. Levy, Siegel aram. 18 שרש; Euting, sin. J. 1, שמרת; hebr. ירח, פרח אדב. (?) ויתן חבצלתיה (?) מואה. אסא הדסה. ארן u. a. — Vgl. Gen. 21, 33, 35, 8. Jos. 19, 26, 33, 24. 26 (vgl. Psalm. 104. 16), Ri 9, 6, 1. Sam 31, 13. — Stade, Gesch. 454. Wellhaus., Prol. 248. Dozy 19, 27, 30. — Bei Arabern: Dunker 308. Krehl, Rel. d. vorisl. Araber 75 fg. Lenormant, la divinat. 85 — vgl. phön. עבדרן — ? עבדרשן; Pott 14, Z. 20, 230. Baudiss. J. et M. 36. Chwolsohn II 293. Rev. d. l'h. d. rel. 1. c. 195. Baudiss. Stud. II 168. Kleinpaul 37. — Zu אלן vgl. Rev. 1881 184, 1882 175, Lagarde, Orient II 10. Schlottmann. Esmunazar 116. Kischrft.: ilânu neben ilu (Hommel 349); — Pietschm. 177, 216.

versammelte sich das Volk, hier wurde Gericht abgehalten, hier ist auch der Mittelpunkt für manche Ansiedelung zu suchen. Wie die Betylen als λίθοι ἔμψυχοι, als von Dämonen bewohnt, angesehen wurden, so dachte man sich auch die Bäume von Geistern bewohnt und bewacht (vgl. die Attyssage), und dem Geiste der Abgeschiedenen glaubte man den angenehmsten Nahrung und Schatten spendenden Wohnort in einem in der Nähe des Grabes befindlichen Baume anzubieten.

Nicht ohne Grund hat man ursprüngliche Namensidentität von „Baum" und „Gottheit" élon, él, éla vermutet. Selbst später, als der Steinfetisch zum Altar wurde, begleitete ihn bei dieser Wandlung sein treuer Gefährte, der heilige Baum; die אשרה wurde aus einem solchen zum nackten Holzpfahle.

Als nom. propr. gehören hierher: אלה, איתמר, אלון (auch in Edom.), אלות(ו)מלך, (?) כיר התמרים, חצצן תמר, בעל תמר „Molokseiche" (?) in Ašer, עבדאלא (?) (Levy, Siegel 39).

Aehnlich ist die Verehrung der Berge zu erklären.[1]) Die Götter wohnten mit Vorliebe auf den höchsten Gipfeln des Landes; wir kennen einen בעל לבנן, einen בעל חרמן. Oft ging der Name des Gottes auf den ihm geheiligten Berg über, wie in Moab der des Pe'ôr und Nebo, wie der des Kasios u. a. Auf den Bergesgipfeln baut man den Himmelsgöttern Altäre, hier hält man die Opfermahlzeit, nach ihrem Vorbilde sind nach assyrischer Vorstellung die Tempel entstanden (vgl. ? הראל = Altar, Pesah. 88a). So wird denn auch hie und da Jahwe als auf Bergen wohnend gedacht, worin jedenfalls schon ein ihm beigelegtes Merkmal des Ba'al zu sehen ist.

Im Alten Testamente finden wir ein נבחת אלהים (vgl. Bašan als הר אלהים Ps. 68, 16), ביתאל (ein Berg Jos. 16,1 vgl. בית בלתין mischnisch), יהוה יראה vgl. ציון, מוריה, im Neuen Testamente Σιωνας, vgl. ירימית ציון; הרם, הרן (?) (vgl. sub. הרן) u. a.

Dagegen ist von Wassergottheiten im eigentlichen Sinne bei den Semiten nichts zu entdecken.[2]) Dies gilt selbst von

---

[1]) E. Meyer 335. Baudissin. Stud. II 232 fg. (Serbâl aus Sar-ba‘al vgl. ? סראל; nicht Serb-bâl) 236. 241 f. Movers 668 (vgl. Wetzstein, Reisebericht S. 264).

[2]) S. Pietschm. 190. Sanchûniat. 10: Môt u. Baudiss. — Zu אריב:

den Phönikern, bei welchen man einen solchen Gottesdienst doch wohl am ehesten erwarten könnte. Zunächst lässt sich dieser auffallende Mangel dadurch erklären, dass die Phöniker, wie die übrigen Kana'anäer und die Aramäer, aus dem Binnenlande, aus der mesopotamischen Tiefebene, an die Meeresküste vorgedrungen sind, und dass erst dann einzelne Götter, ähnlich wie der philistäische Dagon, einen maritimen Charakter annahmen. Aber selbst hier noch erscheinen sie nur als die mächtigen Schirmherren, welche für ihren Schützling auch über die Meeres- und Flussgeister gebieten. Aus nachbiblischer Zeit sei hier noch der Brauch des Wasserschöpfens am Laubhüttenfeste erwähnt (vgl. 1. Sam. 7, 6), sowie das Verbot (Misna Chullin 2, 9) in das Meer oder in die Flüsse zu schlachten, welches sich gegen einen philistäischen Kult, wohl den der Derketo, zu richten scheint[1]).

Als Sohn dieser Göttin (vgl. ? die בנת ימא Esth. ll 1, 2) wird ein *Ἰχθύς* — נון bezeichnet. Vielleicht ist damit alttest. nom. propr. נון und das idumäische פינן = פונן zusammen zu stellen, so wie der phönikische Mot an nom. propr. erinnert wie אחומי (vgl. Ges. thes.). Zu erwähnen ist auch der Nahr Ḳadiśa (Bäd.-Soc.) am Libanon, der einstige Adonisfluss.

So ist denn auch in der hebräischen Religion kein Anzeichen für die Verehrung eigentlicher Wassergottheiten vorhanden. Wenn Jahwe gegen den Menschen in der Sintflut, gegen den Pharao, gegen Sissera, Jona (vgl. Ps. 74) das feuchte Element aufbietet, so erscheint er eben nur als Gebieter der gesammten Natur; nom. propr. wie ילדה זלפה, טפת, אבים

---

nom. propr. hebr. vgl. ? בהם (sah. מהת – מיום s. Müller, sem. Sprachforschung S. 9). — Babl. Gitt. 56a. Stade, Gesch. 456. — LXX Βαλαίν (für Βαλαίμ). Jud. 4, 4. — Jud. 7, 3 Βάλγαίμ (בעל סים für סים אבל סים?) — Bäd.-Soc.: 'Ainâb. Rás el-'Ain. — Zu אחימי (vgl. ? מואב) s. ferner Levy 14 aram. אחמה. — Zu נין: Levy 42, (wohl zu lesen הברכה לי שלב לך; zur Sache vgl. Levy 52 syr.: סלוהי חן להרא(?)לרבו). — Sanchûn. 16: Μηερούμος καί ὁ Ὑψουράνιος; vgl. שמרון (nach Stade שַׂמְרִין; KAT² 191f. Sami-rina, vgl. שטים und רון = רים) מרון (vgl mischn. מרך für מי מרום) Jos. 12, 20. — Das nom. propr. arab. (י)נסמ (auch im Alten Testament) „fest sein", wie מרי u a. Gottesnamen vgl. Z. 41, 724: עבד נסם. — Dunker 308. — Baudissin II 165 נים. — Movers I 208 vgl. Gen. 19, 24 und Strabo p 764. — Dozy 111, 114.

[1]) s. auch Kleuker, Anhg z. Zend-Avesta I, 36.

מי וזב u. ä. beweisen nichts. Dagegen scheint man in dem munter aus der Erde sprudelnden Labequell einesteils den Boten der Frucht spendenden Gottheit erblickt zu haben, wie ja ursprünglich nur weiblichen Gottheiten Gewässer geweiht sind, andererseits aber sah man darin, wie oberirdische Mächte (vgl. עין שמש), so auch unterirdische wirksam. Die Araber hatten in dem Beérôt bezw. Beherôt bei Ḥadhramaut ihren Styx. Diodorus Siculus (V, 4, 1 fg.) kennt eine Quelle Κυάνη zu Syracus, wo Pluto mit Proserpina in den Hades gefahren. Die Quellen wurden als die Augen der Gottheit angesehen, (vgl. bes. Macrob. Sat. I, 21). So haben wir im Alten Testamente eine בעלת באר Jos. 19, 8, ein באר. בארי (ברי, phön. עין גנים ,באר אלים. עינן vgl. 'Enjel bei Meyer, Gesch. 449, (ברי, עבד אלֹנן Z. 41 S. 724 hente nach Conder Umma Gína vgl. (?) עין נדי. עין הְתֹנן Z. 41 l. c., עבד אלדאר (?) vgl. עין דאר u. ä.

Ahnenkult.

Sowohl den Dämonenglauben (vgl. nom. propr. אבנר‎ בנימין, אבירם‎ u. a.) als auch alle sonst bei den Hebräern einheimischen Gottesdienste (vgl. nom. propr. אבידן‎ אביסף‎, אביה‎, אליאב, אבימלך‎ u. ä.) finden wir in engster Verbindung mit dem Ahnenkult.[1]) Der Glaube an eine Fortdauer nach dem Tode ist natürlich zu den Hebräern nicht von aussen, etwa aus Aegypten, gekommen, er ist auch nicht das Ergebnis späterer Spekulationen, sondern ebenso, wie bei ihren Brüdern, den Arabern und Assyrern, gehören auch zu dem ältesten religiösen Vorstellungskreise der Syro-Phöniker die Ideen von Tod, Grab und Vergeltung in einem anderen Dasein. Es ist dabei aber nicht an eine Unsterblichkeit in unserem Sinne zu denken, sondern nur an eine gewisse Fortdauer des Lebens in dem בית עולם‎, wie die Aramäer und Kanaanäer die Ruhestatt der Toten nannten.

Daher erklärt sich die feierliche Bestattung des Verblichenen, die ängstliche Sorge um die Erhaltung des Leichnams und die Pflege des Grabes. Aehnlich wie in der Esmu-

---

[1] E. Meyer 379, vgl. 463 Giesen. zu Jes. 26, 19. Montefiore 458. Baudissin I 229. Halévy in Mel. d'épigr. § 18. Z. 28, 508. Stuhr, Religionssysteme 409. Rev. de l'h, d. rel. I, c. 189, 204. Acad. des inscr. 1872 p. 407, 430. vgl. Baruch 2,7. Sirach 14, 25. — Der Gegensatz von בס‎ (vgl. Z. für Völkerps. XIV. 91. LXX φῦχή) ist רפה‎ s. Stade, Gesch. I 416; רפא‎ nom. propr. phön. CIS 2,18; vgl.? תרפים‎ (Stuhr 446; oder? von arab. תרף‎ „commode vivere", oder vgl. תרופה‎ (Levy, T. Wtb. u. תרופה‎) „Arznei". — Zu מטמי‎ Lev. 21, 14 s. Frankel, Einfluss der pal. Bibelex. S. 160 und Philo (Mangey, II 303; Frankel, Grundlinien S. XVII. — Zu בית עולם‎ s. Giesen Jes. I 698 (עולם‎ eine Gottheit in Hadrumetum) phön. בית עולם‎ CIS I 124. palm. vgl. Targum) ביתעלמא‎ dsgl. bei Euting, nab. J.; aegypt. (s. Diodor I 51); vgl. Pietschm. 170, 176, 191, 230. Stade, Gesch. 390.

nazarinschrift (Zeile 8fg.) lesen wir auch bei Euting, nab. Inschr. S. 26: ... „die Götter mögen verfluchen jeden, der verkauft diese Grabhöhle, oder der darin begräbt einen anderen, die Grabhöhle und diese Inschrift sind unverletzlich".... ib. S. 30: „(verflucht sei), der herausschafft einen Leichnam oder ein Leichenglied". Darauf beruht auch die Sitte der Erbbegräbnisse.[1])

In solchen, oft prächtig verzierten, Grabgemächern, wo den Enkel die Geister der Ahnen umschwebten, opferte die Familie den Manen ihrer Verstorbenen in späterer Zeit unschuldige Gaben an Speise, Trank u. ä., früher jedoch vermutlich minder harmlos, worauf die noch bis in die späteste Zeit üblichen Selbstverstümmelungen und andere Trauergebräuche, sowie die Ausnahmestellung, welche der Erstgeborene in der Familie sogar heute noch bei den Juden einnimmt, hinweisen, eine Erscheinung, die wir bei so ziemlich allen Animisten wiederfinden[2]). Wie man ursprünglich den

---

[1]) Gen. 23, 9 vgl. 49, 29f. 50, 13. 2. Sam. 19, 38. 1. Kg. 13, 22. Neh 2, 3. 2. Ch. 21, 20. 24, 25. 28, 27. Vgl. Stade, Gesch. 270. Goldziher 335f., 339f.

[2]) S. Meyer 76: so bei Phön., Aram., Palm., Nabat., Hebr. חים „Erquickung" vgl. Ps. 3, 22. 4, 22. Jjob 3, 20 „Leben", opp. רפה; אלהים חים gegenüber כרים „Götzen" s. Baudiss. I 136. vgl. 102. Tiele, Comp. 33; Meyer 77; Ez. 8, 8fg. cf. Jes. 65, 4; ältere Sendjirlistele Z. 16: „dem Seelenheile opfern"; Böttcher, de Inferis p. 106; Bäthgen 215. — Zu Gen. 35, 20. Hosea 3, 4. 10, 1. Nah. 1, 14 vgl. CIS 57, 60 נצבא (vgl. ? נצב בתי) „Denkstein, Grabstein" Euting nab. J. 10 vgl. Vogüé Palm. 31, auch im Syrischen (s. Castellus). — Euting, nab. J. 62: רבאל (ein König vgl. Euting nab. 70) אלה vgl. Ex. 15, 2 אבי אלהי 3, 6, 15. Gen. 26, 24; Lippert, Seelenkult S. 19. Bastian, deutsche Expedition II 30. „Beim Grabe meines Vaters"; daher בני אלהים (vgl. Bohlen, Genes. 82[1]) ברצר (Sendjirli), בן שיך Levy 48. phön. כתבעל, (Smith, Journ. of Philology IX 82), בן כמש Num. 21, 29. Mal. 2, 11. בנה ? (LXX ᾠκοδόμησε τὸ θεόν vgl. Pietschm. 191, 230). Zu מצבה phön. Grabsäule vgl. Gen. 31, 46. 2. Sam. 18, 18. Jes. 56,5; Ex. 24, 4 (12 מצבת nach den 12 Stämmen?), מצמה = מצבה Nisibis und (?) aegypt. Mastaba; über ד׳ (vgl. ? אן פרי) auf phönik. und himj. Denkmälern s. Praetorius, Beiträge 21; Dslb., Neue Beiträge 25; Lenormant I. c. 21; E. Meyer 352. Ueber Jahwismus gegen Ahnenkult und Totenverehrung vgl. Stade, Gesch. 450, 452fg.; über die Trauerbräuche; Stade 388, 425. Dt. 26, 14. Jer. 16, 7. Hos. 9, 4.

Manen (רפה) durch das Blut des Kindes Erquickung = (נפש = Seele) „Leben" (חיים) bot, damit der Entschlafene, wie der Aegypter sagte, wieder „lebendig umhergehe auf seinen Beinen",[1] so pflegte man das Andenken des Ahnen in dem Namen des Enkels wieder aufleben zu lassen.[2] Damit hängt auch die Sitte der Schwagerehe und die Führung von Geschlechtsregistern[3] zusammen. An der Hand solcher Stammbäume war man gewohnt, die ganze Familientradition sich ins Gedächtnis zu rufen; so ist ja auch die Patriarchensage der Hebräer in diese Form gebracht. Einen besonderen Wert hatten solche Listen für die Theokratie bei der Beurteilung der priesterlichen Reinheit. Die Anlage derartiger Register ist naturgemäss aber erst bei sesshafter Familie und fester Erbordnung möglich, zu einer Zeit, welche durch das Auftreten von nom. propr. wie „..-nadin-ahi" u. ä. charakterisirt wird, in welcher aber, wenigstens bei den Hebräern, wie aus den zahlreichen mit אב und עם zusammengesetzten Eigennamen, sowie aus dem Mangel weiblicher Verwandtschaftnamen in den nom. propr. hervorzugehen scheint, das Matriarchat schon überwunden war.

Das אב u. s. w. in den nom. propr. compos. ist allein aus dem Ahnenkult als „Vater" zu erklären (vgl. אליאב — אליאל — אלידוא oder phön. נדרצו — אברצו), ebenso wie in den anderen

---

[1] Vgl Nahôr (vgl. K B. Assurah. 149. Niharu), Tabat. 'Azarjah: Gesen. z. Jes.14, 30 Hiob 18, 13; vgl. nom. propr. בכרי: בכרי: statt des בכור ein ראש ernannt s. 1. Ch. 26, 10: für die Indianer vgl. Chateaubriant, Werke (deutsch) II 119. — Kind nach dem Vater benannt: vgl. Mo'êd Kat. 25b, Jos., bell. j. 4, 3, 9 (vgl. Luc. 1, 61, Zunz, Namen 19) Midr. ber. r. 37.

[2] s. Josephus, vita 1, vgl. contra Apion. 1, 7; Babl. Kidd. 69b, B. batr. 15a. Ketub. 62b, [Hamburger l. c. II. 291 fg. Dunker 384[1]. Wellhausen, de gent. Jud. 3: Prolegom. 220. Goldziher 311; vgl. Z. 40. 179.

[3] Vgl. ? das rabbin. אם למסירה — mater lectionis. אב ist im Aethiop. Titel des Königs: Baud. J. et M. 31 vgl. Z. 40. 737. Lippert l. c. 67. KAT: Abu-Malik, Bil-abu-u-a u. a: ferner Pott 710, Ewald 492, Stade, Zt 3. 100 und 8. 282. Z. 31, 726. Rosenmüller I 213. — Weibl. Verwandtschaftsgrade nicht in hebr. nom. propr. (Levy 38 אחרמפלך jedenfalls Titel oder phön.) vgl. J. As. 1869 500 und Z. 42. 480[1]; Rev. 1880 53 f.; (zu אבסר Levy 29 vgl. Movers I 263); Levy 39: אלאב עבר; Zunz, Namen: Avigedor (נדיר; 1. Ch. 12, 7 alle ält. Codic. Targ. Norsi: הגדיר).

semitischen Mundarten, also weder als verbaler Bestandteil noch als Zeichen für die „Gottoskindschaft" im Alten Testamente in dem landläufigen Sinne, noch auch, was sich erst für das spätere Hebräisch wie für das Vulgärarabische rechtfertigen liesse, ähnlich wie בעל als „Besitzer einer Eigenschaft" (instar).¹)

So findet sich אב in Beziehung zum Dämonenglauben in den nom. propr.: אביאל (=), אביעלבון (אבינל?), (oder אבינל אביהיל, אביטוב (vgl. אחיטוב, אביחיל (vgl. איש חיל, בן חיל, אביהיל (?), und aram. אבינדב (טבאל), טביה (vgl. אחינדב), אבינעם (vgl.—אחי), איש—, עמי—, אחי—. (vgl. אביהוד, אבשלום, אבישוע wobei jedoch hier und da eine Verwechselung mit יהוד vorliegen kann); אביתר (αρχιερευς?) scheint ein Würdename zu sein, und אבישי kann durch Ausfall eines Verbums, wie נתן u. ä., erklärt werden vgl. אבישור (cf. אחישר Rev. 1880 p. 58 Beiname eines Gottes), —ידע, (vgl. sab. אבידע und ידעאב) עור, אביסף.

Auf Naturkult deuten hin: אבירם, אבינר (vgl.? חירם), אהליאב, אבטל (?). Auf Verbindung mit der Stammheroenverebrung (vgl. עבד אדם, גדיאל u. a.) scheint אבידן hinzuweisen. Mit El findet sich אב spätestens seit Saul verbunden in אבימאל (vgl. phönik. אביבעל, himj. Z. 31, 86 אבמטתר, wobei gleichfalls das Bildungs-מ in der Mitte) und אליאב; mit מלך in אבימלך (vgl. —אחי), Sohn Gide'ons; mit Jahwe seit Saul in אביה (Chronik = אבים), יואב (?), אביהוא (?), Levy, Siegel 41: אבד (cf. חורם אביו 2. Ch. 2, 12—4, 16, wo אב vielleicht auch als Würdename zu fassen ist).

אח,²) welches ursprünglich die Agnaten bezeichnet, die von dem Familiengute zehren, findet sich wie in bab.-ass. Ahiiddin, Ramân-nâdin-ahi u. ä., in hebr. אחאב, vgl. *Αχιαβος*, Neffe des Herodes (Z. 40, 172¹), אחבן (?), אחיאם (vielleicht ist אחיאם [vgl.? Rammân-imme K. B. Assurn. 105] zu lesen), אחי (vgl.? אחיי „Brüderchen" Euting nab. J. 45 und arab. בנית ib. S. 51), אחוח ist wohl aus אחיה 1. Ch. 8, 7 vgl. v. 5 verschrieben. Mit

---

¹) Rev. 1882 169; Bäthgen 18; Z. 40, 171. 173.
²) Vgl. Z. 33, 495. 39, 236. 40, 153; Rev. 1880 2. 123 (vgl.? Ammi Hommel 417²), dagegen Bäthgen 16b; Z. 31, 87. 40, 172 Practorius, Neue Beitr 25; שמיהד und שמיאל in Juda, Simon, Naftali u. Moab; von שמם? (vgl. dann: שלם in Hadrumet, שלמן himjar. und ? Kemoš von שמם Dt. 32, 34.)

Dämonennamen findet sich אח in אחיהוד, אחיטוב, נעם,– נדב,–
תפל.– מעץ,– מות(מחת),– מן,– (vgl. ? מני und arab. Manât);
אחישר אחילוד,– רם, אחישחר, „natus est frater" (?), vgl. auch
אחיקם, אחיסמך (vgl. phön. מרסמך).
Andere Zusammensetzungen mit אח sind אחימלך (vgl.
phön. (א)חמלך und (אחתמלך); חיאל -- (?) אדיאל (vgl. חירם);
אחיה, אחיו (= אחיון) יאח.; vgl. noch 'Ἀχιάχαρος Tob. 1, 21. 22.
(= אחיאחר (?) vgl. nabat. אחרה, אחרם „seine, ihre Nachkommen"
cf. אחבן) und 'Ἀχιώρ Judit 3, 5, ein Ammoniter, = אחיאור (?)
cf. LXX zu Num. 34, 27.
Hierhin gehören ferner die nom. propr., die mit עם[1])
„patruus" zusammengesetzt, sind vgl. נאסף אל עמיו, J. As. III.
sér. 4 t. p. 516. לחיעם „beim Leben des Oheims!" (vgl. לחי ראי
und חי יהוה). Man pflegte die bint'amm, die Cousine väter-
licherseits zu heiraten, so z. B. die Patriarchen, um den Vater-
stamm zu erhalten, vgl. den Volksnamen עמון -- עמי(בת)בן
Stade, Zeitschr. Bd. 8 S. 280fg. = מואב (= מאב „Samen des
Vaters") Hohlenberg, fragm. υἱοὶ γένους μου. In der Bedeutung
„Volk" |vgl. רחבעם = Φιλόπατρις, cogn. des Königs Hâriṭat
(Euting, nab. J. 25 u. s.), Φιλολαος, Ἀριστόδημος = (?) עמינדב
(Ewald, Lehrbuch 498)] ist עם (Nestle, die isr. Eigenn. S. 50[1])
in einigen nom. propr. in der Zeit der Königsherrschaft zu
fassen, wie in יתרעם (? vgl. אביתר), רחבעם, ישבעם (? vgl.
ישבאב), ירבעם u. ä., wie ja die israelitische Religion überhaupt
in der Blütezeit des Volks- und Staatslebens (vgl. Smend,
d. Genes. d. Judentums S. 131) meist nur Beziehungen zwischen
dem Nationalgotte und der Gesamtheit des Volkes kennt,
während der Einzelne für seine Privatangelegenheiten zu seinem
Familiengotte betete. Als Ahnengeist ist aber עם zu nehmen,
wie in phönik.: עמא CIS 384 (Kartbag. vgl. aram.-talm. אמא
und אבה, hebr. בן (?), אחי u. a.), אלעם CIS 147; sab. עמצדק
עמאגם, עמברב (vgl. מעדכרב), עמסמך (vgl. hebr. nom. propr.
עמוק); nabat. עמיו Ὀμεία (Eut, sin. J. 90. Z. 27, 358[5] und
ib. 355 vgl. Eut., nab. J. אניעם Ἀναμος u. a., so in hebr. עמיאל
(= אליעם vgl. KB Assurnas. 73: Ammeba'la [pa'li]) „mein

---

[1]) S. Euting, sin. J. 97. — חמישל bei Hohlenberg a. a. O. Διφυη
ὄψεως? vgl. Ewald I 175, Chwolsohn 2, 719, Rev. 1880 59.

Ahn ist El", עמישדי, עמיזבד, עמיהוד, "der Oheim hat (das Kind) geschenkt", עמרם, עמיהוד, עמינדב (auch nab. vgl. אברם) יבלטם (vgl.? ימלך), יקנעם in Zebulon von קנה (sab. הקני) „weihen", עמשד in Aśer (vgl. אבצר Levy, phön. Siegel S. 29 arab. nom. propr. bei Movers I, 263 vgl. Jes. 9, 5 אביעד und עדאל Rev. 80,59, 82,174 u. a.) יקמעם (in Efraim = קבצים, vgl. אחיקם u. a.), יקדעם von קדד „bestimmen"), vgl. יקטעם (von קטט „bestimmen", s. Stade, Zeitschr. Bd. IV, S. 7[1]) u. a.

Hieran schliessen sich die mit חם[1]), welches ebenso wenig wie die vorigen Komponenten אח, אב, עם verbal, als „schützend umgeben", [vgl. hebr. nom. propr. חמי, sab. יחמאל neben המעתתר], genommen werden darf, zusammengesetzen Namen חמוטל und חמת.

Schliesslich sind hier noch בניה, ן'ב [vgl. Ilbani von Suhi (KB Assurnaṣ. 69), sab. בנאל, äthiop. Ben-Mahran u. ä.] zu nennen, wobei man das בן gleichfalls prädikativ erklären will [vgl. dagegen בני אלהים].

So finden sich denn bei den alten Hebräern auch schon Ansätze zu Familiennamen (vgl. phön. חנא Rev. 1882 176/7) in den etymologisch oder auch nur inhaltlich gleichen oder ähnlichen Eigennamen der Stammesgenossen wie Mišma, Šim'a, Šemaj'ah, Jišma'el (LXX zu v. 35 statt Ješimi'el im Stamme Sime'on; בדן, אבדן, דן (— בן דן) nach Targum, Hieronymus zu 1. Sam. 12, 11, Sprenger, Leben Muh. u. a); 1. Ch. 3. 10ff. שלם משלם — שלום — שלמית u. ä; ferner von Grossvater und Enkel קנו, עזריה u. a.; von Oheim und Neffe אחוה, מריבעל und אשבעל, צדקיה (?) u. a.; Vater und Sohn [vgl. phön. אברשמר und (?) נרן(ע)בריעשתרת und אביר; von Geschwistern: אבשלום und חסדיה, שלמה und שפטיה, ישובחסד und לוט, דניאל und ירדו, יסכה [vgl. ירושלם יריאל, חויאל u. ä.

---

[1]) Z. 37. 15. 40. 736 vgl. Praetorius. Beitr. II 25. Z. 33. 491: חרקרא (vgl. 495 עמקרא); ן ב in בדקר (?) und ברשע, zu בלשן vgl. Z. 9. 773. Ewald l. c. 496[2]. — Wellhausen Proleg. 354[2].

[2]) Bei Phönikern: Pietschm. 237. vgl. Curtius, in Monatsb. Berl. Akad. 1870.

Totemismus.

Im Zusammenhange mit dem Animismus haben wir schliesslich noch die Frage des Totemismus bei den Hebräern zu erörtern. Wir finden, wie im Semitischen überhaupt, so auch bei den Hebräern nom. propr., welche Tiere bezeichnen,[1] vgl. arab. Banû Kalba u. a.; sab. כלבם, כלבת; nab. כלב, כלבי, כלבא, כליבת, כליבו Z. 17, 639; assyr. Kalbu — ilu — Malik K. 332, 7; phön. כלבא, כלבאלם, Bäd.-Soc.: Nahr el-Kelb., hebr. כלב, כלאב, כלוב; — sab. לבאן (Name eines Turmes); phön. לבא CIS 147; hebr. לבאות; — phön. כפר (Levy, Siegel 29/30), כפרא (oft auf sicil. Münzen); hebr. (?) כפירה (Stadt der Hiviter), — האריה (vgl. אריה Tosefta ed. Zuckerm. S. 259 Z. 26), אריאל, ארא (Löwengott?, oder zu vgl. mit עתני, עתניאל und miˢn.: כפר שתני); vgl. nabat. לוש; hebr. (?) ליש, talm. בית נמרה; — ferner nab. (Euting sin. J. 88) דאבו; phön. זבכם; hebr. זאב; — arab. Ḥanzir; hebr. חזיר und בני חזיר; — arab. Banû Thu'âla (Rev. 1884, 7) שעלף; hebr. שעלבים, שועל; — aram. (in Aegypten [Levy 21]) שׁףן; phön. שפן (Bloch, Glossar); hebr. שפן, שופן, שפופם, שפופן; — hebr. עכבור; phön. עכבר (Pietschmann, S. 227. Carth. 89, 92, 95 f.), עכברם

---

[1] Vgl. Simon Onomast. 391; die Phönik., Assyr., Aegypter nennen bes. Frauen so (s. Le Moyne, Epist. ad Gronov. in Ant. graec. t. VII col. 3 0), dsgl. die Araber (s. Golius. lexic. arab. c. 12, 82, 96), die Aethiop. (s. Diodor. Sic. LIX c. 3) und Römer: Anser, Luscinia, Passer, Picus u. a.; — Bochart, Hieroz. p. I 418. S. 898 fg. zu יטל Vorliebe der hebr. Sprache für Glelchnisse (vgl. Hieronymus ad Matth. 18, 23); — s. bei Chwolsohn s v. Rabe, Schlange u. a.; Rev. 1882, 169. Euting. sin. J. 88, 89. Z 40, 103 104¹, 108. — Bäd.-Socin: Nahr el-Kelb; Ez. 8, 10, vgl. Jer. 26, 22 עכביר nom. propr.; Rosenmüller 1, 132; Pott 701 unten, Pietschmann 183. Rev. d'assyr. S 87. Rev. 1 p. 200; 1880², 12ᵇ; Stade, Zt. 1, 115. Z 40, 156 161. 167; im Aegypt.: hg. Widder „Ba"; Z. 9, 749. 37,17. 435. 40, 742. — Αχώλος. איה, יעה, Zunz, Namen 108. — Zu סיחון vgl. Wetzstein, Reisebericht 26.

עבּרא (ebd. 360). — Sab. נחם (eine Familie חופצתת דנחםן); ass.
K. 179, 10 Nuḫ-sa-ai; hebr. נחש (auch ammonitisch), נחישן
(Zauberer), נחשתא (vgl. Floigl, Cyrus und Herodot S. 108.
Geiger, Urschrift S. 392: „Frauenzimmer" von נחשת „Scham"
vgl. ? כובי), נחשתן (Z. 42, 482 ¹ = פינחם, נחשתנין) (nach Ewald,
vgl. סכנא, עבן), (talm. עכן, אבן הוחלת, עיר נחש, עין תגין, פינן, פיבל
עפר, אפרים, הפרה. Dazu kommen noch hebr. הצבכה vgl. רחב
(חלד .vgl. sab) חלד, איה, ערב, טלמון, טלאים, טלם, לאה, עפרון,
חלדה) (vgl. palm. חלדה Vog. 74) ערד, חמור, (vgl.
בי אתונא n. l. in Palästina); חגלה, ימימה, יונה; פינן, נון (vgl. ? phön.
מען Manon); עקרבים, חגב (s. Ges. Lex. 654); hebr. סוסי,
¹) ססמי u. a.

Wir werden bei diesen Namen zunächst zwischen Individualnamen und zwischen Stammes- bzw. Lokalnamen zu scheiden haben. Soweit es sich um Stammesnamen handelt, könnte ein totemistischer Gedanke zu Grunde liegen, indem, wie bei den Aegyptern der heilige Widder (ba = Seele) als irdische Erscheinungsform der Seele des Ra angesehen wurde, die durch mütterliche Verwandtschaft zusammen gehaltenen einzelnen Geschlechter oder Stämme sich für die Abkömmlinge eines Tieres — oder eines Gewächses oder auch eines anderen Gegenstandes — halten, welches sie göttlich verehren, nach dem sie sich nennen, und dessen natürliche Repräsentanten sie als ihre Brüder betrachten (Z. 40, 156), eine Anschauung, die sich bei allen Semiten findet, vgl. hebr. לוי־לאה, רחל, שמען(?),
ארן, עפר, שובל, כלב und Ortsnamen, die nach Clans benannt sind: 'Ajjalôn, Saʻalbîm, 'Ofra, 'Efron, 'Eglon (in Juda), Bat Nimra vgl. Benê Ḥamôr in Sichem und Gen. 36 (idum.) Dieser Erklärung zeigt sich selbst Nöldeke (Z. 40, 167) geneigt bei den Namen der Stammesmütter Raḥel und Leʼah, während er die Individualnamen gegen Rob. Smith (Z. 40, 161), nach seiner Methode, rationell so erklärt, dass nach dem Wunsche des Namengebers die Kinder ihren Feinden so gefährlich werden sollten, wie die Tiere des Feldes, nach denen sie benannt sind. Dagegen ist geltend zu machen, dass es nicht immer die Namen gefährlicher Tiere, wie כפיר, נמרה, זאב,

---

¹) Phön. nom. propr. ססם, עברססם K. 313, 4. Su-si-l, Bē-bar-Sisin? J. As. 1889, 498. Z. 42, 476. Baud. II 194¹. Mišn. Demai 6, 4.

כלב u. ä. sind, die hier in Frage kommen, und für diese kann man auch unseren Erklärungsversuch, dass es Votivnamen für böse Dämonen sind, wie sie auf alten Bildern noch in Menschengestalt aus dem Rücken reissender Tiere herausragen, gelten lassen.

Eine andere religiöse Bedeutung hat sodann die Schlange bei den Semiten,[1]) über deren Stellung im hebräischen Volksglauben bereits von Verschiedenen gehandelt worden, vielleicht auch die Maus, wie bei den Philistern, wo sie wohl, ähnlich dem hebr. Nehustan, nach weit verbreiteter religiöser Sitte als Symbol des Gottes dargestellt wurde, der sie als Plage über den Menschen verhängt hatte.

Von einer Feuerverehrung als solcher finden wir bei den Hebräern nichts; die Stierbilder zu Dan und Bêtel sind, ähnlich wie bei den Aegyptern die Symbole des Sonnengottes, die Darstellungen des Ba'al, des befruchtenden Prinzipes.

Die Tiernamen als nom. propr., vielleicht hauptsächlich bei den niederen Ständen üblich, wie in Karthago [vgl. auch diese Namen bei den Beduinen], sind zum Teil wohl so zu erklären, dass dem Menschen an den Tieren, als nächsten Abstraktionsobjekten, am deutlichsten unterscheidbare Eigentümlichkeiten ins Auge springen, wie die Stärke des Löwen, die Schnelligkeit des Pferdes, die Schlauheit des Fuchses u. s. w., welche er seinem Kinde wünscht, und die er ihm in dem entsprechenden Tiernamen als Omen mit auf den Weg gibt, oder die er in Schmeichel- und Beinamen als an seinem Nebenmenschen besonders auffallend bezeichnet.

Dass eigentlicher Totemismus bei den Hebräern nicht heimisch war, scheint auch daraus hervorzugehen, dass die besprochenen nom. propr. keine Verbindung mit einem anderen Kultus anzeigen.

---

[1]) Nöldecke Untersuchungen 160. Baudissin I, 259. 279. II, 268. G. Smith, assyr. discov. 399. Ztsch. f. Völkerps. I, 412 fg. Goldziher 213, 272 f. Gesen zu Jes. 6, 1. 14. 29, 30, 6, 65, 25; Rev. 1860², 124; Z 37, 16. Pietschm. 227; s. Num. 21, 6-9; Jes. 27, 1. 51, 9 vgl. Ps. 74, 13. 14; Jjob 26, 13 (vgl.? bei Levy, Siegel Tafel III a); Babl. Hull 9 a Ber. 13 a. 30 b. Plutarch. Jsis et Osiris c. 74.

Darstellungen der Gottheit.

Nachdem wir so die ältesten religiösen Anschauungen der Hebräer skizzirt haben, fragt es sich nunmehr, was die nom. propr. über die Darstellungen der Gottheit, was sie über ihr Verhältnis zum Menschen aussagen.

Bei den Darstellungen einer Gottheit benützt der Mensch naturgemäss die Formen, unter welchen sich ihm diese offenbart. Diese Offenbarungweisen unterscheiden sich selbstverständlich je nach dem Charakter der einzelnen Götter. So werden Eigennamen, welche sich auf das Feuer, sowohl das himmlische Feuer, den Blitz, als auch das Altarfeuer und den aufsteigenden Opferrauch beziehen, wie חרחיה |vgl. אחרח(א)ול „exarsit El"], אריאל (phön. א־מלך), אוריה (vgl. phön. איר, ארמלך); (?)אביהיל, אבינר (נרבל), נר (? יה) (a. Ges. lex.), שרביה לפידות, שרף, תבערה (Keniter), נחם (Sohn Nahors), ברק (auch phön., sab., palm.), נגה (? LXX [1. Ch. 3, 7] vgl. Luc. 3, 25 Ναγγαί), קוליה u. ä., wenn sie auch manchmal einfach nach Analogie der griechischen nom. propr. Lampis, Lampyris, Lychnos, Phanios zu fassen sind, auf die Erscheinungsform einer, zumeist Gewitter-, Gottheit hinweisen.

Eine andere Weise, welche die Gottheit wählte, um sich den Gläubigen kund zu thun, ist das Traumbild,[1]) welches vom Menschen ursprünglich als Realität angesehen wird (Num. 22, 20 vgl. Gn. 20, 6. 26, 24. 31, 24. 46, 2). Das Ausbleiben des Traumes gilt als Zeichen göttlicher Ungunst 1. Sam. 28, 6. 1. Kg. 3, 5. 15. 9, 2. 11, 9 (= Erscheinen Jahwes). Erst bei

---

[1]) Vgl. Bohlen, Genes. 178. Peschel, Völkerkunde 1875 S. 271. — Zu חברן s. Rev. 1881, 198. Movers II 1, 537; vgl. E. Meyer 354. 374. 377. 379.

Jerem. 23, 25 wird das Phänomen des Traumes als solches bewusst von der Wirklichkeit geschieden.

Ein Name, welcher auf die Traumvision, als Boten der Gottheit, hinweist, kann חלם sein (auch phön. ? חלם eine Gottheit der Sabäer, vgl. D. H. Müller, S. Langers Reiseber. Index II), vielleicht auch חלמן. Frühzeitig werden auch von besonderen Personen Träume gedeutet (Gen. 40, 12. 41, 12; Dan. 2, 4. 4, 5. 7; vgl. Num. 12, 6; Joël 3, 1; Ijob 4, 12 fg. 33, 14 fg. u. ä.). Diese Traumdeuter verbanden damit noch andere ähnliche Geschäfte. So weissagten (Lenormant a. a. O. 430—528 vgl. 2. Ch. 33, 6) die Chaldäer und Magier ausser nach Träumen auch nach Sternen, Losen oder Pfeilen, nach Wolkenbildungen, nach Blitzestrahlen, nach dem Rauschen der Bäume und Sträucher, nach dem Verhalten der Schlangen u. a. m. Für die weit verbreitete Wahrsagerei und Zauberei, welche deutlich die Fortdauer des Ahnenkultes und des Fetischismus beweisen (vgl. Stade, Gesch. I 409), sind untrügliche Zeichen die vielen Ausdrücke für diese Beschäftigung bei den Hebräern und die scharfen Massregeln des Gesetzes dagegen (vgl. II. M. 22, 18. . III. 20, 6. 27. 13, 5. 19, 31. 20, 27. V. 18, 9, trotzdem s. 1. Sam. 28, 9 und 2 Kg. c. 17 u. 21. S. Scholz, Götzendienst und Zauberwesen u. s. w. Hrzg., Th. Realenc. Bd. XVII u. „Wahrs."). So heisst כשׁף ursprünglich: flüstern (das syr. etkašaf „anflehen" zeigt die religiöse Entwickelung des Begriffes), לחשׁ — נחשׁ (wovon wohl נחשׁ „Schlange"), עוֹן Jes. 2, 6 (im Targum dafür ענן Mich. 5, 11) nach Diestel von arab. גׁן „susurravit", קסם (nach Fleischer bei Delitzsch Jes. 3, 2 S. 73 Anm.) „jemandem (dem Fetischgeist) Zwang anthun", „beschwören", „schwören" (!). חכמים (חכיב׃, s. Lenormant, La magie p. 18) sind ursprünglich Beschwörer des Krankheitdämons, Aerzte, vgl. hakîm bei den Arabern eigentlich „Arzt" (Soldau, Hexenproz. S. 29). חבר (Soldau 29. Stade, Gesch. S. 505[3]) ist ein Kartenbinder, der einen zauberischen Knoten knüpft und dadurch Personen oder Sachen bindet und bannt (vgl. Mov. 21 S. 537 u. Rev. 1881, 198) s. 5. M. 18, 11 Ps. 58, 6.

Hierhin gehören die nom. propr. אכשׁף (n. l. in Aser), הלחשׁ, nom. propr. m. Neh. 3, 12, מעונים in Lewi Ezr. 2, 40, Ri. 9, 37 אלון מעוננים (nach Scholz a. a. O.), von der dort betriebenen Zauberei benannt, חבר (der Kenit) und חברין n. l. (auch nabat.). Man scheint also noch zur Zeit des Ezra und Nehemia keinen Anstoss an solchen Namen genommen zu haben. Auch will man — mit Unrecht, da doch jede Zauberei von den Propheten entschieden verurteilt wird, — besonders die Totenbeschwörung mit dem Jahwismus verträglich finden. Denn der Chronist (1. Ch. 10, 14) tadele Saul (vgl. 1. Sam. 28, 7), welcher, als eifrigster Verfolger dieses Brauches, doch schliesslich selbst seine Zuflucht dazu nimmt, eigentlich nur deshalb, weil er sich nicht an Jahwe gewandt, ihn hatte beschwören lassen.

Eine Scheidung zwischen der göttlichen Magie, die in den Priesterschulen gelehrt, und der dämonischen, welche verboten und verfolgt wurde, wie in Akkad (Lenormant p. 68—79), lässt sich bei den Hebräern nicht nachweisen.

Die im Volke übliche Totenbeschwörung (vgl. Dt. 8, 10. 18, 10. Lev. 19, 31. 20, 21. 1. Sam. 28, 7. 9, 3. Jes. 8, 9. 2. Kg. 21, 6. 2. Ch. 33, 6) war jedenfalls eine Art Bauchredekunst, wie man heut allgemein annimmt, gestützt auf die LXX, welche אוב בעלת mit *ἐγγαστρίμυθος* wiedergeben. אוב (LXX und Hieronym. = *πύθων*) will man aus dem Akkadischen ableiten. Vielleicht ist es jedoch mit dem Ahnenkult in Verbindung zu bringen und durch אבית zu erklären, welches sich auch als nom. propr. 1. Ch. 24, 31 findet, so dass der weibliche Plural von אב als „geheimnisvolle Macht", — die Geister der Verstorbenen —, sehr gut zu erklären ist.

Auch die Kunst des Austreibens der bösen Geister, — nach Josephus — der Seelen böser Menschen, aus den Besessenen ist früh geübt worden. Josephus führt das Beschreien der Krankheiten bis auf Salomos Zeit zurück (Joseph. Ant. 8, 25. Bell. jud. VII 6, 3).

In diesem Zusammenhange sind ferner die Namen zu behandeln, welche mit שבע oder עד zusammengesetzt sind.[1])

---

[1]) Vgl. Lippert 82. Rev. 9, 177. Gesen. Gesch. 190. Dslb. zu Jes. 19, 18 — zu Be'er seba' s. Stade. Gesch. 492: שבע könnte auch Zahl sein, wie (?) Levy 39 שבע, Šib'a; (Ess. in bibl. Arch. S. 211': שבען (vgl. Bohlen, Gen. CXXV. Gesen. Jes. 1, 717. (über die Fünfzahl s. Ges. Jes. 19, 18. Bohlen 423) vgl. Sendjirli in „Neue Freie Presse" 16,17. Febr. 1893 und Ordinalia phön. אשבן אדבע תרתא (?) (vgl. Bäthgen 50), wie hebr.

Die nahe Beziehung zwischen „beschwören" und „schwören" fanden wir in dem, beides bedeutenden, קסם angedeutet. Sie lässt auch eine merkwürdige Stelle Philos (Tischendorf, Philonea 80) vermuten, wo dieser das Gesetz, dass auf Stern- und Fetischanbetung der Tod steht, erst durch · den damit verbundenen Meineid erklärt, obwohl Dt. 17, 2-6 dieses Gesetz sich ausdrücklich findet. Der Schwur (= „verehren" Gesen. Jes. 19, 18, vgl. כשף im Syr.) übte, ebenso wie Bitte, Opfer und Gelübde, einen Zwang aus auf den Dämon, den man dabei mit Namen rief. So rief man auch bei Verträgen, wie die Alten den Styx, den Geist des Ahnen, Himmel und Erde oder auch Steine (vgl. Nachmanides zu Dt. 32,1) als Zeugen an [vgl. nom. propr. אלישבע, wofür Luc. 1, 7 Elisabet, wie Jehosabat 2. Ch. 22, 11 für Jehoseba 2. Kg. 11, 2, בתשבע (vgl. כרת שבען Rev. t. 9 p. 7) בר שבע Act. 1, 23. 15, 22 *Βαρσαβᾶς* יוסד u. ä.].

So wie es jedenfalls schon frühzeitig Oertlichkeiten gab, welche man mit Vorliebe zu gottesdienstlichen Handlungen benützte, weil man daselbst der Gottheit sich besonders nahe fühlte [vgl. אלעלא, מוריה, באר לחי ראי, באר שבע? u. ä.], so gab es wohl auch schon in den ältesten Zeiten bestimmte Personen, welche ihr ganzes Leben dem Dienste der Gottheit weihten, um sowohl ihren immer complizirter werdenden Cultus zu erlernen und zu üben, als auch um ihren Willen besser auslegen zu können. Man glaubte daher dem Gotte ein wohlgefälliges Opfer darzubringen, wenn man, womöglich schon vor der Geburt, das Kind seinem Dienste weihte. Da das Amt des Priester-Propheten oft erblich war (vgl. Tiele, Compend. 72), so mag eine solche Familie mitunter Namen getragen haben, welche ihre Beschäftigung andeuteten. Hier zu erwähnende Namen (vgl. Pott 661 „Prediger", aegypt. Phtahôthph „le voué à Phtah[1]))sind כלחוה Neh. 3, 15 (vgl. מחוי שדי Num. 24, 16 u. a.),

---

שש. שלש (?) מאה (nach den Stockwerken?), die Enakiten שש u. ארבע, wie ארבע קרית (vgl. Bäd.-Socin 169. Bohlen 315; Strabo p. 750, Mahanaim, 'Enaim, Dotaim u. ä. Die Frage löst sich wohl durch Herodot 3, 7. 1,131. 7. 69 86: „Die Araber (vgl. die Sage von באר שבע) bestreichen bei Verträgen (!) 7 (!) Steine mit Blut" u. s. w.

[1]) Vgl. hebr. לאל, phön. מקנמלך, palm. Vog. 93, I נדרבעל, (vgl. ? Z. 41 l. c. אלמנדר).

שנא ?‎ Prophet, נוטריה‎ Neh. 6, 14, eine Prophetin, vgl.? hebr. נעדרה. מעריה‎ (? sab. מערברב‎), vielleicht ist auch bei Ναυῆ Sir. 46, 1 mit Simon an נביא‎ zu denken. Mehr auf die Theophanie selbst beziehen sich, wie Epiphanius, Theophanes auf die Offenbarung Christi, die nom. propr. m. (?)ניחוי, מחוית, חזיון, חוי, חוו, חויה, ח(י), זו(י)אל‎ und daneben קוליה‎ (vgl. das spätere כת קול‎), אמריה, מללי‎ (? oder = Gebieter vgl. דברי‎ u. aram. מדבר‎ Levy, Siegel S. 7). Schliesslich nahm die Gottheit, um vor die Gläubigen zu treten, menschliche Gestalt an als מלאך('‎ oder als את, איש‎ [vgl. nom. propr. מלאביה)‎ (phön. Carth. 29 מלאך בעל‎, doch kann מלאך‎ aus מלך‎ gedehnt sein, wie כלו(א)ב, שנו(א)ב‎ u. a.) und אשבעל‎, תושאל‎:, vgl.Engelschalk, Agathangelos, Millanges, Seraphinus|. Hierhin[2]) gehört auch פנואל‎ [vgl. Πρόσωπον θεοῦ], Vorgebirge an der phönikischen Küste (Meyer, Gesch. 247. Baudissin, Stud. II, 245), phön. פנסלמת‎, בעל‎ בן‎ Tanit, „facies deorum" (Bäthgen S. 56. Movers I 667. 266. Stade, Gesch. S. 444/5) vgl. שם בעל‎ = Astarte. Diese Beinamen der Tanit und Astarte weisen schon auf eine Periode fortgeschrittener Amalgamirung der einzelnen Gottheiten und ihrer Attribute hin, welche sich in Phönikien, teilweise unter persischem Einflusse, zum grössten Teile aber durch das immer bestimmter sich geltend machende Uebergewicht des besonderen Stadtgottes vollzieht. So werden bekanntlich in Arabien durch die sich

---

[1]) Wellhausen, Prolog 354[2]. Bohlen. Gen. 185.
[2]) Vgl. Pietschmann 215[1]. Schröder 13. Halévy, Mélanges 40. Z. 31, 720 (vgl. Hator, die Erscheinung der Isis) — שם בעל‎ Carth. 364 (vgl. שמיאל?‎ Gesen. Gesch. 49) Mtsb. d. Berl. Ak. 1881. Rev. de l'hist. d. rel. 212. Kämpf, phön. Epigr. 21[1]. Ewald I, 375. Bäthgen 267 (vgl. Ex. 23, 21) vgl. nom. propr. phön. סם, שמא‎: hebr. שם‎ שמי‎ (? vgl. שדי‎ von שד‎), שמתי‎ (vgl. Ges. Lex.) שמירמית‎ m. (assyr. f. Sammuramat oder eine Gottheit), שמידע‎ (wie אבידע‎ u. ä.), שמאבר‎ (vgl. Kämpf 71) — שם אביר‎ (wie אביר יעקב‎). סמר‎ (=? נרשם‎, vgl. Salpkara KB. Assurn. 107): sab.: שם רחמן‎ u. in vielen nom. propr. u. אססם‎ (wie בעלים, חמנים‎ u. ä.), הסם‎ od. הסמי‎, vgl. בעל סמם‎ phön.; סמאל‎ (sab. — Teufel): אסימא‎ (s. Baudiss. II, 161) hamat.-samar. (wie שידא‎ — שד‎); אסמן‎ phön. Gott (P. Cassel. Esmun 5. Baudiss. I 276[2]) palm. nom. propr.אסמרא‎ (Z. 42 I. c. שמור‎ für שמר)‎ (סמ|ם)‎ „Himmel" im Aeth., Arab., Assyr. (pers.: asmán, zend.: açmáno), סמ‎ (von סמה‎ „hoch sein") ist somit jedenfalls als Himmelsgottheit zu fassen und סמ‎ בעל‎ (vgl. Abibalos u. ä.) vielleicht = (בעלשמם)‎.

immer schärfer auf den Monotheismus zuspitzende religiöse Bewegung die Untergötter zu blossen Bildern[1]) des einzig wahren Gottes, während man vorher geglaubt hatte, sie seien nicht nur in dem Bilde, sondern auch ausserhalb desselben in gewissen Erscheinungen wirksam. Das Alte Testament, welches zumeist die Götterbilder für identisch mit den in ihnen dargestellten Gottheiten hält, hat dafür verschiedene Bezeichnungen, so צלם (Z. 40, 733f.) „Schnitzbild". Merkwürdigerweise — ein Hinweis darauf, dass dem Menschen ursprünglich das Bild als dem Dargestellten völlig gleich galt, — wird geschlechtlich geschieden zwischen dem Bilde eines Mannes und dem einer Frau; palm. צלמתא, wie phön. צלמת Vogüé, 13, 29. צלם wird (2. Kg. 11,18; Dan. 2, 31) von Götterbildern gebraucht, wie (vgl. arab. כים bei Bohlen, Genes. 15) 2. Ch. 4, 3 von Stieren. In der Inschrift Teimâ I wird ein Gott צלם genannt, jedenfalls ein böser Dämon, vgl. Ps. 39, 7 und aram. צלמן (Levy, Chaldäisch.-Wtb.) = hebr. צלמן „finster", vgl. die nom. propr. הר צלמון, צלמון, טלם (ein Berg in Samarien, einmal = צילי oder צלמון?), צלמנע, LXX Σαλμανα midjanit., nordarab. צלמשוב [Teimâ I; vgl. משובאל, assyr. Zalm-musisib 3. Raw. 66, 32f. (Hommel, Gesch. 666, vgl. Niḫḫaz 2. Kg. 17, 31 = Niphusalmu).

Ein anderer Bildesname ist סמל „Bildsäule" (Schröder, phön. Sprache 203. Enting, sechs phön. Inschriften aus Idalions 1875 S. 10. Baudissin I 88[1]) phönik. CIS 41 u. a., סמלם CIS 88. 93; סמלת CIS 12. Vielleicht ist damit die assyr. Gottheit Šamul in (KAT[1] 63) Samul-sum-ukin zusammen zu stellen, vgl. hebr. nom. propr. שמלי Ezr. 2, 46 Kt, שמלה (idum. König) und Ez. 8, 3. Vgl. 16, 42 סמל הקנאה.

An תבנית[2]) „Bild" erinnern die nom. propr. hebr. תבני,

---

[1]) S. Baudissin I 75f. 80; de Witte, Bibl. Dogmat. § 75.

[2]) CIS 2, 2 תב׳ vgl. E. Meyer 277 Tut ‛anchamon „das lebendige Bild Amons". — Vgl. תבשלמת; ? nom. propr. hebr. צ׳׳ר; Ez. 8, 3 vgl. 16, 42; vgl. ? בוב Amos 2, 4 u. a. (s. Baudissin I, 100) בוב-אבוב (vgl. Bohlen, Genes. 365⁵, Levy, Siegel aram. 6: אכרבן vgl. talm. בית בויתאב); אבל vgl. syr. Pesilta „behauene Steine" nom. propr. l. פסילים (nach Targum: Steinbrüche?) bei Gilgal(!); zu כרב vgl. sab. סברב. סדברב (Levy, Siegel 28 phön.: (wohl statt בי׳בבל zu lesen): א|בל od. בבן בן vgl. Ra-

phön. (CIS 2, 2. 14) תב:ת מלך צדנם und assyr. Tabnî, Tabnê'a; an האר „Gestalt" phön. CIS 2, 12 nom. propr. f. הארא.
Was nun die Symbolisirung Jahwes betrifft,[1]) so ist zunächst die Redewendung: „Hinter Jahwe gehen" (vgl. Stade, Gesch. 500[1]) jedenfalls von anderen Gottesdiensten entlehnt, wie es sicherlich die Darstellung des Nationalgottes in Stiergestalt im Nordreiche ist. Auch ist Jahwe nicht in den Terafim, Menschenbildern, zu suchen. Diese bezeichnen vielmehr einen Uebergang vom Ahnenkult zum Jahwismus dadurch, dass die Ahnen zu שרפים (vgl. nom. propr. שרף), den geflügelten Feuerboten Jahwes, werden.
Ebensowenig sind wir berechtigt, das Efod als Darstellung Jahwes anzusehen. Die Etymologie des Wortes ist unsicher. אפד Ex. 29, 5. Lev. 8, 7 ist ein Denominativ. Das א scheint nur prosthetisch zu sein, denn das Syr. hat statt des hebr. אא(ו)ד: פרהא, wie arab. פדן = syr. אפדנא, Targ. אפדן, vgl. Dan. 11, 45: „Turm, Schloss". Wenn somit פרה -- פוד = פד der Stamm wäre, so würde die Grundbedeutung: „scheiden lassen", „ausziehen" (vgl. בגד) auf etwas hinweisen, was von dem Gegenstande trennbar, ihm nicht wesentlich zugehörig, sondern künstlich angelegt ist. Und in der That erscheint אפוד im Alten Testament als „Ueberzug" (parallel צפוי Jes. 30, 22). Im Mikas Privatheiligtum, worin das Bild (פסל) den Mittelpunkt bildet, erscheint das Efod als Gewand neben dem מעיל (vgl. 1. Sam. 2, 18. 28 u. s. w.) Auch 1. Sam. 21, 10 ist es als ein Tuch zu denken, hinter dem man die Gott geweihten Waffen aufhängt. Somit erscheint das Efod (vgl.? מסבה) eher als Hülle eines Kultusgegenstandes, als als solcher selbst.

---

kubêl in Sendjirli: כרב nom. propr. in Babyl.: Stade, Gesch. 442 f. Goldziher 225, 401; — Movers 213 (man fesselte zu Zeiten die Bilder in Phönikien.
[1]) S. Dozy 37. Bertheau, Richter, p. 134. 178 f. 1. Kg. 12, 28-29; Apis: Μοσχω; bei Herodot 3, 28 und LXX zu Jer. 46, 15; Stade 1. c. 465. Hommel 376. Kittel, Gesch. II, 261. d'Eichthal 362. Stade, Zeitsch. 3, 10. Delitzsch, Paradies 153. Geiger 343 (עגל); Moloch in Stiergestalt: Baudissin, J. et M. 45. Dunker 330. Chwolsohn II, 463 u. a. Bäthgen 86. Movers 43. Goldziher 350. Rev. 1880 69 (אבישיר = ? אבישיר); Meyer 243. Kuenen, Volksreligion 82 (dagegen: König, die Bildlosigkeit etc.)

Als nom. propr. findet es sich Num. 34, 23 אפד. Aehnlich scheint אהל(¹) zunächst als Zelt zu fassen zu sein, in welchem die Gottheit bzw. deren Symbol wohnt [phön. nom. propr. אהלמלך, אהלבעל hebr. אהליאב (!) אהליבמה, (!) אהליבמה vgl. Corp. inscr. graec. Boeckh Bd. III 1853 n. 4525 'Ραββίβαμου. Baudissin I 217¹), אהלה, אהליבה (sab. אהלאל, אהלתתר)|. Mit fortschreitender Kultur wurde das משכן des Gottes (vgl. nom. propr. שבניה. vgl. זבל, איובל, זבלן, phön. אובל) aus einem אהל ein בית; wir finden seit der ersten Königszeit ein בית יהוה und בית במות.

Wie nur das Zelt des Nomaden seine Familie und das Gesinde umfasste, so umfasste auch das אהל des Gottes seine Schützlinge (גרים), alle die in des Gottes Burgfrieden wohnten [vgl. die phön. nom. propr. נרמלקרת, גרבלך, גרהבל, גראשמן, גרא Γηρας CIS 106, גרעשתרת Γερόστρατος, Gerastus (Movers II 1 S. 465), קו(ה)סגר, Γηρυξίων, Γέρηλος, Γαψηλος s. Nöldeke in Mtsber. Berl. Ak. 1880 S. 765. Bäthgen S. 18¹). Geraschtart, Gisco = גרשכן; nab. גנרשו? Euting, sin. Insch. 88 vgl. Chwolsohn, Ssabier 373 Abgar u. ä. KB. Assurn 111 u. s.; Giridada (von Assa), im Arab]. Das Hebr. hat גרא (nicht „Bohne, kleines Gewicht" Ges. lex.), שמנר, גרשם.

Vor dem Efod, um hiermit auf dieses zurückzukommen, wurde bei den Hebräern das heilige Los²) befragt. Diese Losorakel, welche wir auch sonst im Alten Testament und schon in Akkad antreffen, finden sich bei den Arabern als Pfeillosorakel, spezialisirt.

Das eigentliche Symbol des Nationalgottes ist in der Lade (vgl. nom. propr. ארן, ארנן, אהרן) mit dem Kerubim zu suchen, über deren Charakter sich noch nichts Sicheres feststellen lässt.

---

¹) Vgl. Z. 40. 154¹. Ewald l. c. 495. Gesen. Gesch. 49 (= ירו in ירושלם. יראל. יראן ? n. l.) arab. אהל auch wie בער Prov. 3, 27, vgl. arab. Z. 41. 724 ? עבד אלאהלה.

²) Vgl. ? aram. Levy 16 אחלכר vgl. לכר Jos. 7,14. Praetorius, Neue Beiträge 21. Wellh., Prol. 140, 249. Ewald l. c. 2. 282, vgl. nom propr. מקלות; vgl. noch 1. Ch. 14, 15 und 2. Sam. 5. 24 (in Philistäa); Gen. 12. 6 vgl. Ri 9. 37, später בת קיל Matth 3, 17 φωνή ἐκ τῶν οὐρανῶν; Baudissin I 188. Stark 247: (Amulette bei Philistern). Gesen. zu Jes. 3, 20 vgl. Ex. 32, 2 aram. כרסא; Goldziher 275; 2. Kg. 3, 15 vgl. 2. Ch. 20, 14.

Einrichtungen und Bräuche des Kultus.

Eine solche Verwertung von Kultusgegenständen für die Namensgebung ist aber nur eine besondere Seite der hebräischen Sitte, bei der Wahl des Namens an Gegenstände und Handlungen des Kultus zu denken, welche mit diesem oft nur ganz lose Beziehung haben. Wir sahen, dass man, wie durch den Schwur, das Gebet, das Fasten, hauptsächlich durch Opfer[1]) auf den Totem einzuwirken suchte. Schon bei den Phönikern finden wir nom. propr. wie שצף, שצפם, שצפת, wenn שצף in der Bedeutung einer Opfergattung (vgl. CIS 165, 11) gesichert ist, und (א)חמנכת von מנחת (s. über den Wechsel von ח und כ im Phönikischen, Schröder, Phön. Spr. 116) „Opfergabe" (vgl. palm. Simonsen p. 36 ויהבי, בת ,והבלת; Num. 21, 14 im Buche der Kriege Jahwes והב, eine amoritische Festung; nabat. nom. propr. והב Z. 17, 63Nfg. והבאל u. a.; sab. אלוהב u. a. und הבהבים Hos. 8, 13 = שלה (s. Levy, T. Wtb. I, 191 b und Gesen. lex.).

---

[1]) Ueber Menschenopfer bei Phönik. s. Porphyr. de abstin. II § 56 (p. 94 ed. Holsten. Cant.). Ammian XIX Bäthgen 221 fg. Dozy S. Stade 427; Movers I, 214, 217: Thias (ϴυω?) und seine Tochter Smyrna (? ומירה nom. propr.) vgl. Sanchūn. 30 und Movers 253 (Kult der Samaritaner); vgl. Ri 11, 38, 39 בתילים LXX ταρθίνια werden dem Siegesba'al dargebracht vgl. פתח‎ „Eröffner (des Mutterschosses)" und das phönik. Adonisfest im Frühjahr Jes. 66, 17 (אחתין. An die Stelle der Menschenopfer trat beim weiblichen Geschlechte (vgl. Tiele, Comp. 73, Z 40, 155. Münter 81. Goldziher 292² — [ויגה - םיצדקית vgl. בהנתא] nom. propr. phön. ארשתבעל u. a. Astarte in Ammon [vgl. Jiftah — auch nab.-sab. — in Gile'ad] s. Bäthgen 16) die Prostitution, bei den Männern die Beschneidung, vgl. Wellhausen Prol. 361. Stade, Gesch 490 (vgl. auch Jes. 66, 17 die folgenden Worte אכלי בשר החזיר; die Adonisgärtchen [Baudiss. I 315] jedenfalls nach dem Muster wirklicher Gärten).

Im Hebräischen finden sich die nom. propr. חֹם וּבַח, מְחַם (oder = „z. Z. des Pesahfestes geboren"?) עמרי (von עֹמֶר?), שׁלם (vgl. Gesen. Lex. 863 s. v. שׁלם).

Auf die Prozedur der Beschneidung, auf welche auch Jos. 5, 3 גבעת הערלות hindeutet, bezieht sich möglicherweise בן מהל = במהל. Das Gebet gab wohl Anlass zu den nom. propr. רומה, זמירה „Hymnus", תחנ(ה)? Nach den regelmässig wiederkehrenden Festen, welche allerdings dabei auch als blosse Zeitbestimmungen können in Betracht gezogen worden sein, nannte man (vgl. phön. חני, חנת, palm. חני u. חנגו): חני, הגית, פסח; סכות; שבתי (vgl. Paschalis, Numenius) u. ä. Eine grosse Rolle spielte in der alt-kanaʻanäischen Festesfeier (vgl. 1. Kg. 18, 20 den Tanz der Baʻalspriester auf dem Karmel und — Pietschmann, Gesch. 220 — Baʻal Markod bei Berytus, CIS 4536 Βαλμαρκως) der Tanz, der zwar den mosaischen Vorschriften fremd ist, aber wiederholt im Alten Testament erwähnt wird; dazu gehört vielleicht das nom. propr. מחול.

Hieran schliessen sich die nom. propr., welche sich auf das Heiligtum oder auf heilige Gerätschaften beziehen lassen. So vor allem (vgl.? phön. גרהכל) קדש und חרם (vgl. himj. — Rev. 1880 p. 58 — חרם, sab. חרם u. יחרמאל), הרמה, vielleicht auch אילם — אולם αιλάμ 1. Kg. 6, 8. Ez. 40, 6) u. a.,[1]) wobei jedoch sehr oft schwer zu erkennen ist, ob nicht bei der Namengebung einfach profane Gegenstände ihren Namen hergegeben haben.

---

[1]) Vgl. Levy, Siegel aram. 19 חתם vgl. דנרא ט־בא ירעית, אהל. (vgl. אהל ודבר Z. 37, 348); geweihte Waffen s. Dozy 92, vgl phön. nom. propr. מנם u. a. vgl. Pott, Personenn. 698: Calixtus und andererseits ib. 652fg : Kanne, Krug u. ä. 704: el-Djerir.

Die Urväter.

Eine Verbindung des Dämonenglaubens mit dem Ahnenkult zeigt uns ein grosser Teil der hebräischen Heroensagen. Dass die vielen Namen, welche die Urvätergeschichte aufweist, nicht als historisch im strengen Sinne genommen werden können, ist längst anerkannt. Man hat sie teilweise ethnographisch, zum Teil mythologisch, andere kulturgeschichtlich zu erklären versucht, eine Anzahl ist schliesslich als Flickwerk dem Vorrate der späteren hebräischen nom. propr. m. entnommen. Von einer Mythologie finden sich bei den Hebräern nur wenige Spuren. Es hat den Anschein, als ob sie manches aus der Theo- und Kosmogonie der Phöniker bei ihrer Einwanderung in Kena'an angenommen, dieses aber vielfach mit den eigenen Sagen durchsetzt hätten, welche zumeist auf nordarabischen[1]) Ursprung hinweisen.

Offenbar ist zunächst dem Hebräer die gemeinsame Mutter des Menschengeschlechtes die Hauptsache; denn האדם ist bekanntlich kein nom. propr. Den Erklärungen von חוה als „Lager, Familie" (vgl. 2. Sam. 23, 13) oder als „Schlange" nach dem Arabischen (Z. 42, 487) ist wohl die als „Samenbewahrerin",[2]) als Mutter alles Lebendigen vorzuziehen.

Auch über die Erklärung von קין ist viel gestritten worden. Man hat das Wort mit „Totschläger",[3]) „Speer",

---

[1]) Vgl. Hebel, Knin, Set, Noah, Lameks Söhne u. a. vgl. auch Brandt. d. mand. Rel in Z. f. w. Th. 1877, 357; vgl. Chwolsohn 1, 315f., 440fg, 2, 820.
[2]) Z. 40, 151¹ Im Gefz. vgl. ? Büd.-Soc.: Baten el-Hawá, Burdj el-Hawá. — Z. 31, 239. Tuch 74.
[3]) Tuch, Genes, 80, 93. Goldziher 132. Z. 26, 432; Ges. Gesch. 49, Redslob 153. Euting, sin. J. 91. — Zu Tubalkain s. Bäthgen 148fg. und Rosenmüller 1 S. 18. — קבימעל Movers 463. — Hobal vgl. Osiander in Z. 7, 493 (vgl. Z 17, 632 Dozy 74². — קין Bäthgen 127.

„Schmidt" u. a. übersetzt. Die wahre Bedeutung erhellt aus einem Vergleiche mit den nabatäischen Eigennamen קינו u. ä. (Euting, nab. Insch. 41 u. a.) — vgl. Nöldeke Z. 40, 181 arab. al Ḳain oder Bal Ḳain — und dem Namen der Keniter, welche sich so nach ihrem Stammgotte genannt haben, und welche in sehr naher Beziehung zu den Judäern bzw. Kalibäern stehen. Ist es nun Zufall, dass sich andererseits gerade im Stamme Kelb ein nom. propr. Hobal findet? Dieser Hobal, den man wohl mit Recht mit dem hebräischen Hebel in Verbindung bringt (vgl. auch Euting, nab. Inschr. 31), war z. Z. Muhammeds der Hauptgott seiner Landsleute (Azraqî p. 77 Z. 5 bei Dozy, die Israeliten zu Mekka S. 74, vgl. dagegen Z. 7, 493).

Von den übrigen Patriarchennamen ist Gen. 4, 17 חנוך (Tuch, Genesis 106: „der Erfahrene"; Schrader, KAT[1] 8 nach dem Assyr. „Mann") am besten mit dem Namen des phrygischen Königs Annakos zusammenzustellen.[1])

Mit Gen. 4, 18 מחויאל vgl. יחואל 2. Cb. 30, 14 [pbön. יחואלך יחומלך seu יחואלן יחולן — במשיחי — בצליחי כמשיחי insor. sem. 5 מריחי, יחוא] פתיחו. תחוא. und Lagarde, Orient. II 35.

Zu Gn. 4, 19 מתושאל = 5,21 מתושלח vgl. nom. propr. hebr. שאל, שלח Ezr. 10, 29 und Ledrain, nom. propr. palm. 38/39 מתבול Mathbol; Tiglat Pil. III nach Rost 45 u. s.: Mati'ilu. Gen. 4,20 עדה vgl. ? mit עדין Ezr. 8 (Euting, nab. Insch. עידו u. a.; KB. Sulmanu-asuru 159: Ada).

Für צלה (vgl. הצללפני u. ä.) schreiben LXX (vgl. Zunz, Namen der Juden): Sella (vgl. Z. 23, 364: „im Schatten des Ormuzd").

Zu Gn. 4, 20 יבל (vgl. nab. יבל) gehören תובלקין, יובל (vgl. Rosenmüller 1 S. 18).

נעמה[2]) BAK 1880 S. 764 Ναμηλη „Güte, Gnade" wird

---

[1]) S. Bäthgen 153. Rev. 13² p. 1, 15. Zu סלי s. Chwolsohn I, 312. Tuch 200 (vgl. ? Phalga. s. Dunker 358) und Movers l. c. — Zu ירד vgl.? Z. 17, 642 ורדי Gen. 4, 16 עיד vgl. Z. 17, 640 nabat עדרת; zu מחייאל vgl. יחאל (vgl. sab. חיאל Hommel 498; Ašur-uballit) Rev. 1881, 313, 1892, 175. CIS 92 fg, vgl. חיה ? — Zu חם vgl. Ewald l. c. I, 375. (? Chamu, Göttin bei Hommel 407¹). — Zu אלםדד Movers 36.

²) Z. 34, 684 נעמאל, Aḥino'am Movers 636. Stade, Z. 6 S. 7 fg. ענקנבר u. a.

später oft bei den Arabern gebraucht = Nemannu (Venus), so auch nach den Rabbinen, ein Name der Astarte (Baudissin II 161) vgl. hebr. נעם, נעמי (s. Ges. Lex. u. נעמן); phön. נעמצרם, נדנעם, פצנעם, כתנעם, ברכנעמת (Carth. 263), נעמלכת (CIS 41), אחינעם; sab. נעם, auch Euting, nab. Insch., Bäd.-Soc. Nahr Naʻmân (= Belus!), Chûn en Nâʻime, en Noʻmân, Noʻême.

שת ist jedenfalls nicht semitischen Ursprunges und nicht ohne Grund mit dem aegyptischen Set, dem Gotte der Fremden, gleich gesetzt worden. Bemerkenswert ist auch die Notiz, dass mit seinem Sohne אנוש die Jahweverehrung begonnen habe (vgl. LXX οὖτος ἤλπισεν ἐπικαλεῖσθαι τὸ ὄνομα Κυρίου).
Mit מהרלאל sind die nom. propr. הלל, יהללאל zu vergleichen.

שם[1]) („der Hohe"; vgl.? Sumâ KB. Samsi-Ramman 183, Sumai ib. Assurb. 257) scheint einen Himmelsgott anzudeuten. Als solchen kennen wir den sabäischen דסמם oder דסמו (vgl. מי für מים in אחומי wie סמי für סמם). Möglicherweise ist die für das Tetragrammaton bei den Juden übliche Bezeichnung השם nicht als „der (heilige) Name", sondern ursprünglich (vgl. = אשימא bei den Samaritanern) als „der Hohe" (vgl. אדני) aufzufassen.

Dass die Namen der nachsintflutlichen Patriarchen ethnographische Bedeutung haben, hat schon Ewald erkannt und nach ihm u. a. von Gutschmid (Beiträge z. Gesch. d. a. Or. 28) angenommen. Dagegen kann man Gutschmid (S. 25) nicht weiter folgen, wenn er Abraham, Isaak und Jakob schlechthin für historisch erklärt.

Der Name Abrâm zunächst — sein späterer Name Abraham klingt arabisch (vgl. im Hadith das nom. propr. Abu ruham und Hamasa (dtsch. v. Rückert S. 639): Abderrahman, dsslb. auch Z. 41 l. c. u. sonst) — erinnert an בעל רם = „hoher Vater" (vgl. אליעליון u. ä.). Denkt man ferner an die Erzählung von der Opferung Isaaks und an den Mythos, dass Kronos seinen einzigen Sohn Uranos als Opfer dargebracht, so könnte man, zumal wenn schliesslich noch die auffallende Sage von dem Edelsteine Abrahams herangezogen wird (Talm.

---

[1]) S. oben S. 55².

bab. Bab. batr. 16b), geneigt sein, mit Goldziher (a. a. O. 38) in der Erzählung von Abraham mythische Züge zu finden. Darauf scheint auch der Umstand hinzudeuten, dass die Phöniker einen Fetisch Ab-addir (vgl. Ab-ram) nannten, wobei man zugleich an den makâm Ibrâhîm,[1]) den zweiten heiligen Stein zu Mekka, erinnert wird, wo man, wie die Neuperser (Movers I 86) ein Millat Ibrahim, einen Dîn Ibrahîm kannte (vgl. Tiele, Comp. 104 u. s.). Doch ist der Abraham der Araber wahrscheinlich erst von den Israeliten entlehnt, seine Herkunft ist jedenfalls in Aram zu suchen.

Nach Nicol. Damasc.[2]) wurde bei Damaskus ein Dorf gezeigt, welches seinen Namen trug; wir kennen (Bäd.-Soc.) einen Nahr Ibrâhim (= Adonisfluss). Als Heiliger von Hebron könnte er kalibäischen Ursprunges sein und mit רם[3])

---

[1]) Vgl. Dozy 146; dass מקם (vgl. sab. מקם Wohnung) nicht, wie Dozy seiner Hypothese zu Liebe meint, „Tempel" heissen muss, zeigt u. a. der makâm Eiyûb (Bäd.-Soc. 303).

[2]) Frag. 30 (ed. Müller) vgl. Joseph. ant. I 7, 2.

[3]) Ijob 32, 2 u. a. רם der Erstgeborene des Erstgeb. von הצרי 1. Sam. 2, 25. Wellhausen, Prol. 338¹. Bäthgen 155, Z. 42, 484. Beer, Leben Abrahams S. 151. Dozy 21. Levy, phön. Stud. I, 7 (Hiràm, Abrâm, Ba'alrâm, Râmba'al) vgl. ? El Ach-ram bei Rück. — Ham. 188 (vgl. 16, 283 Abderrahim), hebr. (רמים Ps. 78, 69 wie שמים) רם (Z. 23, 624 40, 183, 42, 454²fg. Goldziher 38, 109 Dunker 332, 405, Hamburger, Geist der Agada 39, Rev. d. l'hist. d. rel. 1881.¹ 190, Stade, Zeitsch. 6 S. 15, Movers 86. Hommel 372; vgl. nabat. Z. 17, 641 אברא (vgl אברם wie מרי -- hebr. מרם). Für רם 1. Ch. 2, 4 steht Matth. 1, 3, Luk. 3, 35 'Αράμ vgl ? Abram „der Aramäer"). אדינירם שמירמית רמיה:, palm. עדרם aram. Levy 5 (3. Jhrhdt. i. Palast des Nimrud), מלכרם, sab. רימם. רמחם. רמתם: מרימתם. babyl.(Peiser, bab. Verträge 342) Ramu-u-a u. a., assyr. (KB. Assurnaṣirpal 75) Ahiramu (Sohn des Jahiri), phönik. (vgl. Sanchûn. Συμημρωμος שממרים) בתלרים, vgl. Chwolsohn 2, 287 (s. auch Terah = Azar ib. 2, 369, 640), vgl. Mik. 7, 20. Bohlen, Gen 196⁴, Wellhaus., Prol. 367. Goldziher 338, 341, 277, 370; Jes. 63, 16. Ez. 37, 15, 18. Hosea 12, 4. 5. 13. Am. 7, 9 vgl. 7, 16. Obad. 1. 18 Mik. 4, 2; (vgl. grade in Lewi ein ספיה. אליסף. אבישף u. a. Patriarchennamen); Goldziher 365. d'Eichthal 363. Baudiss. I, 146, 164, 171. Kuenen, Volksrel. 61. E. Meyer 401.

Der Sohn des Abraham und der Keṭura („Weihrauch", wichtiger arab. Handelsartikel): מדן vgl. Z. 724; אלמדאן. Dozy 164. מדין kanaan. Königsstadt מדין in Juda; שבא vgl. phön. nom. propr. עבדשבא (vgl. ? שביאל =

zusammenhängen. Dass der Name sich sonst als nom. propr. m. im Alten Testament findet, kann für die absolute Geschichtlichkeit Abrahams ebenso wenig beweisen, wie sonst die spätere Wiederkehr der Namen einzelner Heroen für deren einstiges historisches Dasein.

Abraham, dem נשיא אלהים (Gen. 23, 6), steht (שרי) שרה; vgl den Namen ihrer Base: מלכה) zur Seite. Der Name findet sich als nom. propr. noch Tob. 3.7. 17. 6, 10 Σαρα, womit bekanntlich die LXX שרי wiedergeben, während sie für שרה Σαρρα setzen. Man hat daraus auf eine verschiedene Etymologie der beiden Namen schliessen wollen. Doch ist שרי jedenfalls nur als Archaismus oder Aramaismus für שרה, und dieses als Feminin zu שר anzusehen.

Man hat שרה auch mit dem arabischen Dusara verglichen, dessen Symbol ein schwarzer, unbehauener, viereckiger Stein war, welchen die Araber mit dem Opferblute begossen. שרה mit ישראל zusammenzustellen (vgl. Rob. Smith, Kinship etc. S. 30), dazu liegt jedenfalls kein hinreichender Grund vor.

? תיבאל sab.), vgl. עבד אדם phön. u. hebr. עבדחירן (palm. חיר, vgl. ? חירם und ? Levy 8 מלתחרן), עבד תים in Teimâ und בב: in sab. נבב cogn. und אלמבבם: ; hebr. nom. propr. בב: ein Sohn des Ismael: תימא, vgl. Z. 41 l c. עבד תים; Sohn des Lewi מררי, vgl. ? Z. 41 מראיא ע׳ (s. Ges. Lex); ein Sohn des Abraham und d. Ketura: יקשן (vgl. ? Kaus.), Vater der Sabäer und Dedaniten.

Kulturgeschichtliche Bedeutung liesse sich (vgl. Gesen. Jes. I. 989) allenfalls vermuten in nom. propr. wie מנבש ישראל, חבר שמה, קהל ישראל. יקבצאל מחידה, סיאא מבני, אלי (? „Sippe"). היה (Weiher?) u. ä. Zu Hagar vgl. Ebers. Aeg. u d. BB M. 258 „Flucht", Niebuhr. Beschreibg. Arab.'s: Name einer Provinz, vgl. Άγαρα bei Dillmann zu Gen. 25, 15 vgl. Z. 31. 63¹, 86, Z. 37, 335⁴.

Zu Isak vgl. Goldziher 131 fg.

¹) S. Nöldeke in „Im Neuen Reich" 1871, 508. (Zu מלכה vgl. Goldziher 183f.) v. Gutschmid. Beitr. 25; — Strabo 784, Dunker 307, Bäthgen 92: (Abram mag ursprünglich nur Beiname des שר (vgl. שרה wie מלך — מלכה u. s. w.) gewesen sein, wurde dann nom. propr., wie Tanit u. ä.) Stade, Zeitschr. S. 43. — Z. 29 l. c. 42, 484. Euting, sin. J. 88. Rev. de l'h d. r. l. c. 183. Bertheau, Zur Gesch. 205. Baudiss. II. 250; — שרי für שרה s. Kämpf. Phön. Epigraph. 2. Tuch. Gen. 305, Gesen., Gramm. § 22³; bei Samaritan: Serri, Sirra. — Zu Dû Šará vgl. Wetzstein. Reisebericht 112f.

Der nächste wichtige Patriarchenname ist Ja'aḳob.[1]) Der Name findet sich nicht nur im Alten Testament selbst (יעקב Neh. 11,19; vgl. U-ḳu-bu K. 411, 2) und im nachbiblischen Namenschatze (vgl. 'Aḳabja und 'Aḳiba) in verschiedenen Wendungen, sondern wird wohl auch auf dasselbe Verbum zurückzuführen sein, welches wir in den palmyrenischen Namen (Ledrain a. a. O. 14) בלעקב und (ib. 16) עתעקב finden, und welcher (= „anfallen",) auf eine dämonische Natur hinzuweisen scheint. In dem Namenswechsel ישראל für יעקב, welches letztere sich gleichfalls im Palmyrenischen findet (Ledr. 30), aber entlehnt sein kann, spiegelt sich vielleicht der Uebergang vom Dämonenkult in den Gottesglauben wieder, zumal wenn man an den nächtlichen Ringkampf am Jabok denkt, welcher nach dem Alten Testament die Veranlassung zu diesem Namenstausche war. Auf Lokalkult deuten nom. propr. loc. hin, wie יעקבה, Jakobél (in Tel el-amarna), ferner (Bäd.-Soc.) Benât Ja'ḳûb; der Jakobsbrunnen, in der Nähe 'Ain el 'Aḳabe u. a. Es scheint somit Jakob ebenso wie Abraham, Esau und Josef zu einheimischen Kulten des vorhebräischen Kena'an in Beziehung zu stehen, mit welchen der Jahweprophet, der die Lokal-Sagen und -Kulte, welche beim hebräischen Volke Aufnahme fanden, bekämpfte, nichts zu schaffen haben will, — ein Gegensatz in der Auffassung des Jahwismus zwischen dem Volke einerseits und den Propheten bezw. dem Hofe auf der anderen Seite, wie er auch sonst vielfach durchblickt.

Wir kommen nun zur Betrachtung der Heroen der einzelnen hebräischen Stämme. Der Name Ruben[2]) zunächst

---

[1]) (Ascoli, inscriz. S. 20 Ιακωβ, Ειακωβ). Zu עקב vgl. ארב im Transjord. ארבאל (vgl. ? K 428, 13 Arba-ilu), ארב und ארבית in Juda; im Neuen Testament wie Ιωσηφ (auch Sir. 49, 15. 1. Makk. 2, 53) häufig als Ιακωβ und Ιακωβος nom. propr. — Zu Benât Ja'ḳûb vgl. Ges. Jes. 1, 8.

[2]) Vgl. Bäthgen 159. nom. propr. palm ראיאל, רתיאל. רתי, רשי, רתי Vog 16, 22; CIS VIII 25, 15. Redslob 86, Z. 31, 251. vgl. K. 339, 5 Tâb-'ru'u u. Ra'u 318, 3. c. 640 a. Chr., daselbst auch ein Hat-pimunu (vgl. phön. םםב n. 'םב in 'םב םח) aus (?) Hat „Haus" (vgl. Hat-Pepi, Hat-Chencusu, Hathor) u. Pimai (Meyer S. 387 Pima) und Ha-ani-l (vgl. ? Hanu bei Meyer 96, 96). vgl. Ra'u in den Hyksosnamen.

scheint auf die mesopotamische Herkunft des mit ihm sich bezeichnenden Stammes hinzudeuten. Seine Schreibung bei Josephus, beim Syrer und Araber lässt seine Identität mit רשובל oder ראובל vermuten, und dieses erinnert an den 'Ρης,βήλου im assyrischen Regentenkanon des Ptolemäus (KAT² 490, i. Jahre 693 a), welcher in bab.-assyr. Schreibung als Ri'u-Bi'l erscheint.

Der Stammesname Gad sodann erinnert an die bekannte bei Arabern, Aramäern und Kanaanäern verehrte Glücksgottheit dieses Namens.[1])

גד findet sich in nom. propr. hebr. wie: גד, גדיאל, גדי, גדי (עין), גדמלך, (גדעם) .vgl) (׳גדעון), .n a) עומית (vgl. (?) עזגד, גדנר(?vgl. גד, (מגדל) בעלגד, (חצר) גדה, Siegel), (אליאל); in moab.: כמשגד; im arab.: עבד אלגד (Hamdani 54, 9 bei Wellhausen, Skizzen 3 S. 2 und Z. 41, 724); nabat.: גדו (Euting, nab. J. 67 vgl. dalb., sin. J. 88 Z. 17, 642); sabäisch: Z. 37, 435; phönik.: גדתם, גדשר, גדעת, גדנצמת, גדנ(מ)ם, גדי, גדא, בעלגד; aram.: (Levy, Siegel 5: in Assyr. oder Bab.) כרגד; palm.: (Ledrain a. a. O. S. 17) נדילת גדיא (Gadi Allat), גדתא, גדרצו.

Für einen Kultus des Gad haben wir keinerlei weitere Beweise. Er findet sich, wie טוב, שוע, מני, fast nur in Eigen-

---

[1]) Von g-d „schneiden, bestimmen, zuteilen" (vgl. קץ, עת u. ä.); Büthgen 69, 76. 77 — in Gadates ? bei Xenoph. Anab. (vgl. Ate in Atossa). Z. 42. 478; Z. 40. 157. Tuch 424. Rev. p. 58. Ges. Gesch. 10; Jon. Dorus u a.; — Ges. Jes. 65. 11: — בעלגד, heut Bāniās; in seine Grotte zog Pan ein; — Jahrb. f. prot. Theol. 1875 S. 361 fg. Stade. Zt. 1890. 211; — Z. 42. 479 שמגד für שמגר, vgl dag. Jer. 39, 3 נבו: סמגר. — Vgl. Levy 19 תרסא דגרא; Movers 636, 658. — Zu שיע vgl. Levy 21 (aram.-aeg.) שיע. Zu מני vgl. ? phön. מן u. מנקצת; Z. 39. 44 Menai (Jos. arch 14. 12. 3). Jes. 65. 11. LXX τύχη Rev. 1881. 191. Chwolsohn 2, 194, 226; vgl. noch מול phön. u. rabb. αγαθή, וצל, und die nom. propr. יקרטם. אוני. אוניה; phön.: Levy 26: יחק יואל ib. 45. — Zu Gad-Tyche s. Lagarde. Ges. Abh. S. 16 u. Z. 31. 99—101; zu טיב Koh. 2; u. a. טבאל aram., טבח n. l. im Jordanthal (vgl. den bab. Monatsnamen טבת. טוביה. טוביב. טיב. אחיטיב. טיבארניה; טבא (Carpentr.). vgl. himj. טבא. טביתא vgl. 1. 36. Mišn. Ber. II 7; טביה in Inschrift v. Arāk el-Emīr; Τωβίας (טוביח), Vater des Tobias, Tob. 1. 13. 3, 17: טברסין u. a. vgl. K. 339, 5 Tâb-ru'u 335, 11 Abi-tâbu 335, 7. 352, 23 Aḫi-tâbu; über Tab in assyr. nom. propr. vgl. Z. 23, 138; vgl. noch Tab-silli-Marduk u. ä. bei Peiser, bab. Vertr. — arab. עבד סעד Z. 41, a. a. O. sab. סעדאל; Sa'adja u. ä.

namen. Sein Name, sowie seine Darstellung in Bocksgestalt — wie Asima und Seʻir — nach jüdischer Ueberlieferung, scheint sein eigentliches Wesen als Beschützer der Herden zu bezeichnen.

Aehnlich wie Gad erscheint auch Dan nicht ausschliesslich allein in den nom. propr. des nach ihm benannten Stammes. Num. 1, 11 findet sich ein אבידן in Benjamin, ein כי אבידן kennt der Talmud in Babylon [vgl. die bab.-ass. nom. propr. Bîl-dan-ilu (KAT.² 474), Nabû-dan-in-an-ni und (? ebd. 479), Da-na-nu]. An eine Auswanderung des Stammes, der sich allerdings seit Saul nicht mehr in der Geschichte findet, nach Babylon, ähnlich der von Dozy behaupteten der Simeʻoniten nach Arabien, zu denken, liegt sonst kein Grund vor; eher ist vielleicht דן mit אדון, punisch „donniʻ 'zusammenzustellen (vgl. Dad-Hadad).

Weit schwieriger ist die Erklärung des Namens Juda. יהודה, assyr. Jauʼdu, liesse sich ähnlich, wie יוכל (nach Olsh. LXX Ιωαχαλ = יהיכל), als Compositum auffassen. Der eine Bestandteil wäre dann jedenfalls יהיה, der andere eines seiner Attribute (vgl. in Sendjirli Rakubêl und רשׁפחן), entweder: הדה = „J. führt" (vgl. nom. propr. hebr. יהדי, sab. הדים), in welchem Falle das Schluss-ה in יהודה ähnlich zu nehmen wäre, wie in יהוה (vgl. Ges. lex." Col. 227 II und אבידור, עמיהוד), oder besser ידה „proicere" (LXX Ιωδα; vgl. nom. propr. hebr. ידיה, palm. ידי Ιαδδαιος).

Besondere Erwähnung verdient an dieser Stelle das sab. nom. propr. כניוד (vgl. כנוד; בנאל, בניאל), weil es uns eine Beziehung zwischen יהודה und dem arabischen Vadd (vgl. Wellh., Skizzen 3 S. 2 u. 11 fg.) vermuten lässt, ohne dass wir dabei an den Ιευωδ (= יהוד; das ה in יהודה kann auch, wie in den mit יו — יה gebildeten Namen, später eingeschoben sein) in der phönikischen Mythologie zu denken brauchen; denn hierin kann auch eine hebräische Reminiscenz vorliegen. Arabischen Ursprungs waren wahrscheinlich zum Teil die Elemente, aus welchen sich der Stamm Juda zusammensetzte, der bekanntlich im Deboraliede noch nicht erwähnt wird. Andererseits aber spricht manches dafür, dass יהודה der Name eines Landes war, welches dem auf diesem Gebiete sich bildenden Stamme den Namen gab, so die Analogie des nordsyrischen Jaudi (vgl. Azrijau von Jaudi), die ausserjudäischen nom. propr., welche an יהודה erinnern, besonders der Name der Hetiterin Judit und Ausdrücke, wie בית יהודה, הר יהודה u. ä.

Das Nämliche gilt von Efraim. Auch zu Issakar [vgl. hebr. nom. propr. שכר (vgl.? יששכר 2. Kg. 12, 22 = זבד 2. Ch. 24, 26)] und phönik. מסכר findet sich ein Analogon in sab. nom. propr. ישכראל und (vgl. Wellhausen, Skizzen 3 S. 3) Σαχχηλος = שכראל.

Der Bedeutung nach verwandt ist jedenfalls Benjamin[1] „Sohn des Glückes" (nach dem Arab., vgl. nom. propr. hebr. מימן, auch idum.), und Aser (vgl. אשרה, Assur-Osiris), in hebr. nom. propr. אשראלה, phön.: אשרבעל (? = עזרבעל) und אשרשלח (vgl. מתושלח), nab.: אשרו und אשורו (Z. 17, 639).

Aehnlicher Sinn scheint auch dem Namen Josef zu Grunde zu liegen (vgl. n. l. Josef êl, יוספיה, wie עקביה יעקב). Wie Jakob ist er wahrscheinlich Lokalname [vgl. KAT.² 105¹² phön. Ba-ʻal-ja-śu-pu = בעליסף und (?) nom. propr. מסף]. Dem Sinne nach ist mit Jakob auch der Name Menasse verwandt [vgl. nom. propr. hebr. ישיהו) (von נשה = נשא „stossen")].

Fast mehr phönikisch als hebräisch zeigen sich sodann Zebûlun[2]) [von זבל assyr. zabalu, „erheben, ehren" (vgl. זבל איוכל, בעל und Chân Zebîle Bäd.-Soc.)] und vor allem Naftali „Kämpfer" vgl. die nom. propr. in Naftali: צדים (im jerus. Talmud = בית שמש, ענת, חרנפר, צידון, צר (כפר חטיא)].

Die בני לוי[3]) schliesslich, über deren Namen bisher so viele Hypothesen aufgestellt worden sind, haben jedenfalls

---

[1]) Vgl. Stade 161. Ebers a. a. O. 203. vgl Jaman von Asdod (Meyer 375) K. 48, 4 Jaa-ma-ni. vgl. ? ימנה zu Juda: Ascoli 24: Βηχωηλα (יהודה)؛ — Zu Efraim: Meyer 352. – Zu Aśer: Rev. 1890, 157. Pietschmann 250. Baud. 1, 239 und Note 1. Strabo 785 אשרה ? ’Αθηρι: Baudiss. 2, 219. Redslob 84. Tiele l. c. 91. Stade, Gesch. 1, 345.

²) Oder es ist an phön. סב (= שב „Freund" s. Baudiss. 1, 21²) zu denken in רסבן = ירסבן, סבנמה, סבנבתי, hebr. שבנה „vicinus Dei", wie arab. אלה אר:, vgl. phön. עיר בעל (BAK, 1880 S. 765). רא: CIS 106: hebr. עיר n. l., ילין (?) Euting, nab. J. 58 שבינת(?).

³) Vgl. Goldziher 212. Stade 408. Wellh., Proleg. 150. Syrer Luc. 2, 44 בני ליתא. Kittel. Gesch. II, 86² fg.

weder mit לאה noch mit dem לויתן etwas zu schaffen, sondern scheinen von לוה in der Bedeutung „sich an jmdn. anschliessen" benannt zu sein, entweder als Mitglieder der Priestervereinigungen (בני לויתא), oder, was sich im Wesen damit deckt, als Anwohner des Temenos (vgl. נרהרל u. ä.) Bezeichnend ist jedenfalls das Fehlen charakteristischer nom. propr. bei den Lewiten und die Uebertragung des Namens לוי auf Angehörige eines anderen Stammes.

Die Gottesdienste der einzelnen Stämme.

Es liegt nun sehr nahe, zu untersuchen, ob der traditionellen Scheidung der Hebräer in die zwölf Stämme[1]) auch Unterschiede in der Nomenklatur und in den religiösen Vorstellungen entsprechen. Betrachten wir daraufhin zunächst die Namen der Benjaminiten. Wir finden hier Anklänge an einen Naturkult in מריות, ירי(ע)מות, שחריה, שחרים, אחישחר (sonst ברמות, wobei ם für י, welche in der althebräischen Schrift [vgl. Ges. lex.] einander sehr ähnlich sehen, verschrieben sein kann), א(ח)ורם, אחירם, מרמה (: משרי –; von Fetischismus in צור, אלה und (?) צרור; von Ahnenkult in יואח, (: אחיה) אחיה, אחי, אביה; von Dämonenkult im Stammennamen בנימן (vgl. מיני. איש 1. Sam. 9, 11 wie אוש בעל u. a.), אישהוד, wie אביהוד (?) [vgl. אחיטוב, אבטוב; מלבישוע, אבישוע in Aśer und Manasse]. Vielleicht gehört hierhin auch ישפה 1. Sam. 4, 50 von שף, „beglücken"; näher steht jedoch die Analogie von שפופם, ישפן, שפן, שפים, שף פן Lev. 26, 39 (= שפים 1.Ch. 26, 16) von שפה „kriechen", שפיפן Gen. 49, 17 „Schlange". Andere Tiernamen finden sich in עיר, עירי, עירה und חצר סוסה (vgl. בית המרכבה). Auf Dämonismus scheinen auch noch עילם (?). (סנואה) סנא", צמות, חפים „der Dornige" und אחימץ hinzudeuten. Von fremden Gottheiten können Baʻal und Melek zum Teil gesucht werden in מריבבעל, בעל (woraus אשבעל (מפי בשת), auch אשבל und אשבע, בלהן (vgl. בלהה 1. Ch. 4, 24 = בעלה, vgl. בעלת באר), in מלבישוע, מלכם, מלך (?). Andere Gottesnamen enthalten (?) נעמן, ענתות(יה) (?) עין רמן, קיס, (vgl. den Flussnamen קישון und (?) קשיון nom. propr. n. in Jssakar),

---

[1]) Vgl. Goldziher 199 fg. Wellhausen, Proleg. 229 (Lewi u. Juda). 345¹; Bohlen, Genes. 471. Dozy 94 u. a.; Ewald Kadoni bei Hamburger II 1254. Bab. batr. 121a zu Num. 36, 6 und 109b.

sicherlich mit dem קישה der Nabatäer (Euting, nab. J. 27. Bäthgen S. 108 vgl. Z. 40, 167 'Abd el Qais u. a.) Zusammenhängend, יצוק vgl. arab. ציק (Wellb., Skizzen 3 S. 171) שום = ישם (vgl. Wellb. a. a. O. 171, nach D. H. Müller vgl. sab. אלעות). Bemerkenswert ist in diesem Zusammenhange der benjamin. Eigenname ישמאל und יקים, עורקם (vgl. sonst hebr.: אבקם, מקם u. ä. יקמאל, phönik.: יויקם, אליקם, אחיקם und himj. nom. propr. im Nabat. und Palmyr. Andere göttliche Attribute bezeichnen בני, בוני, (י)בניה, (?) צלתי, חשים, רפוא = רפא, רפיה u. a. Auf das Heiligtum, welches nach der Ueberlieferung 2. Ch. 1, 3 in Gibe'on und später in Jerusalem, also in Benjamin, stand, und auf den Kultus scheinen hinzudeuten אולם, (ברישה, בערה) בראיה, (?) ברכה, (?) וטירה, מקלות vgl. Z. 17,626 nabat.: ברא לבצלי u. ä. Geschichtliche Reminiscenzen liegen vielleicht, vor in [vgl. משה, מישאל (?)], משטם, מישא, (נח) נחה (vgl. כבר, כנענה (?). Beziehungen zu anderen Stämmen zeigen אביחן, אביהוד (?) = אחיהוד, יהודה (Neb. 11, 9) = הודויה (1. Ch. 9, 7), ישבע, (שמאם) שמאה, שמעי und z. Z. Dawids: דורו אהוד (?); (vgl. דוד) und אלידד. Eine Spur fester Namensfolge findet sich, falls nicht der spätere Schriftsteller nach dem früheren Muster gearbeitet hat, in סלא/משלם Neh. 11, 7 vgl. 1. Ch. 9, 7 und הודויה/הסנאה = הסנאה/יהודה 1. Chr. 9, 7 vgl. Neh. 11, 9.

Ein ähnliches Antlitz tragen die Namen der Judäer.[1]) Naturkult verraten nom. propr. wie אחומי, קרח, חרף, (?) יריבות, קעילה, אלה, Fetischismus: אשראלה, תמר, בית־צור (vgl. ישראל in Menasse), Totemismus (?): נחשון (s. Rut 4), כלב, בן וחח(ו)לת [vgl. אבן חלת 1. Kg. 1, 9 und arab. Zuhal (Saturn) Wellb., Skizzen 3 S. 171], שירו, עירנחש, Ahnenkult: אחאב, אליאב [cfr. KAT² S. 470 Bîl-ban … (ai)], יואש, אחיו, יואב, אביה, Zauberei: שלום, אבשלם, חברון, חבר, Dämonismus: אלישוע, אבישור, נעם, (?) רדי, מחלת, (?) ילח, יתרפה, שמחות, שלמי, אבניל, שלמית, שלמה, auf den Kultus können sich beziehen: פסח, יהללאל, החינה. Einheimische wie fremde Gottheiten sind enthalten in בצליה, יהוא, סנאצר, אסר, אמון, אסתחור, בן חור, חור, מלכירם, אשבע (fremd und spät), יעוש. göttliche Attribute in אורי, יואש (nicht zu vgl. אשבל),

---

[1]) Ueber שילה vgl. Lagarde, Onomast. 96, vgl. Mal. 3, 1. Dozy 58, Berliner, Magazin 1892.

(הראה), ראיה, בצלאל, historische Erinnerungen lassen sich vermuten in שלח (= סלה); vgl. (סלחי), ירד, עקב; זרבבל, ישמע שמעא שמטו [שמט, שמעי mit anderen Stämmen gemeinsam sind: ארן (vgl. גבען Benj.), נבשא, מוצא, מצק, ימן, שימון (?); ישמא u. ä.), אליוני, אשראלה, מעשה (auch Benj.), אחישחר (vgl. כלב, אהל (auch Aśer), יפנה, זמרי, אחיה (Dan), שוחם, יקמיה, בונה, יורם, אחירם (desgl. in Benj. מלכירם, רם, כלובי, עוריקם (Benj.), אפים (vgl.? אפיח Benj.), דוד, חושה; bemerkenswert ist noch ארנן, der Sohn einer Nebenfrau. Von jüdischen Lokalnamen sind schliesslich hervorzuheben: בעלות (vgl. בעלי מדעת), phönik. (vgl. דנה, חצרונדה, קרימים, קרית בעל (יהודה, בית דינן, נעמה, (ירחו?) vgl. לבנה, קין, בית עות, עין גדי, דומה, בזיותה, בעלה, ענלון, מגדלינר, ירמות, תפוח, רמן, כסיל, חרמה, עין שמש, בית שמש, קדש, עדעדה, עדר, אטם, שמע, מולדה, קטילה, נדר, בעלה Berg und Stadt), שעיר (wie Grenzstadt), עמק רפאים (desgl.), קרקע (aram.), אדר (auch phön.), חצור הדתה, גידגם u. a., wobei allerdings zwischen judäischem und benachbartem Gebiete oft schwer zu scheiden ist.

Der Stamm Lewi hat, wie schon angedeutet, nur sehr wenige eigentümliche Namen, und gerade diese klingen oft ganz unhebräisch, so עמשי (vgl. עמשט), וסני, פחשור, מלוך, אדם, חשוב, עדן, קורא, פינחס, עבד; zugleich lewitisch und judäisch sind משה, אהרן, אחימעץ, אחיטוב, אבישוע, מריות, בקי, עטרם (vgl. משי), אחימות (vgl.? זמות) u. a.

Aehnlich wird auch unsere Vermutung über die Herkunft der Rubeniten durch ihre Eigennamen bestätigt. Wir finden hier einen חנוך, womit man (s. oben S. 62) den phrygischen Annakos verglichen hat; beide Namen sind jedenfalls auf das babylonische Anun-na-ki zurückzuführen, welches die Geister des Wassers, der Unterwelt bezeichnete (KAT² 285 n. 62⁷). Ihnen entsprechen als Geister der Oberwelt die J-gi-gi (ebend. 285), und dieser Name erinnert wiederum an das nom. pr. גי in Ruben (vgl. אגא).

Erwähnenswert sind ferner die nom. pr. שדיאור (vgl. ebd. 474: Bil-adu-u-a), אליצור (vgl. bab. Şur(?)in bei E. Meyer, Gesch. S. 168), welches auf Fetischismus hinweist, ebenso wie Jos. 18, 18 אבן בהן und אבירם, ferner אליאב, יואל, בעל.

Der Stamm Josef besitzt בית חרם, ביתאל, יריחו u. a.; die Efraimiten nennen sich עמיהוד, קמואל, נון, שארה, הושע, תחן, תחת.

שותלח, רשף, (כבר) ברך, אלעד, (auch Benjam.), בריעה (zweimal)
und ähnlich.
   In Simeon finden wir einen יואל, (שלמיאל), שלם, ימלך, שבט, שלש (vgl. אחד, יבין, אלון, יעקבה, (רפיה), אליועני, שאול, ידוא u. ä.), מעכה, צחר (vgl. יצחר), ימין (Num. 26, 12), זרח (jud. u. a.), משמע, חורי, שמואל, עמדוד, צורישדי u. a., ferner die nom. pr. l. מולדה (vgl. תולד, אלתולד, nach Gesen. eine Gottheit), בעל (an der Grenze), בלהה, בתואל, חרמה, בית מרכבות (vgl. כסמי in Juda), עיטם (Hinterhalt? vgl. phön. עטהר), עשן רמון (vgl.? עשניאל Levy, Siegel).
   In Issakar kennen wir einen יואל, שמואל, יוסף und die Ortschaften ירצאל, קשיון, ביתשמש, אנחרת Jos. 19, 17.
   Zu Zebulun sind zu zählen die Personennamen (Num. 26, 26) פרנך, אליצפן, נדיאל, אליאב, אלון (vgl. Pharnakes, Sohn des Mithridates) u. a, sowie die n. pr. l. Jos. 19, 10 רמון, דן, שיחור לבנת, משאל, עמעד, אלמלך, המתאר; zu Aser gehören חרם, מגדלאל, צר; zu Naftali בית (vgl. sab. חרמתן Heiligtum und nom. pr. חרם u. יחרמאל), בית שמט, בית ענת; den Daniten: בניברק, אדם, דן, יהד, בעלת, אשתאול (vgl. KAT² 205—206; 172, 289), בעל זבול (vgl.? בית בעל מעון, עת רמון) Ri 10, 12 u. s.; מעונת und מעונים, sab. n. l. מעם und מעין, arab. bei Wellhaus., Skizzen 3 S. 61 Μονμος, Wadd. 2117, מעון bei Bäthgen S. 76⁵; s. Ges. Lex. 482 und Bäd.-Soc. in: Ma'ân und Ma'în), כ' פעור, במת בעל u. a. Zu Manasse schliesslich gehören נלעד, גדי, אשראלה, אשר (Gad), בדן (= בן דן), הודויה u. a.
   Aus dieser Zusammenstellung geht zur Genüge hervor, dass die Grenzscheiden zwischen den einzelnen Stämmen nicht allzu schroff gewesen sind. Nicht allein die Namen der Stammesheroen finden wir in den verschiedensten Stämmen wieder, wie die Namen der Urväter [so עבר in Benj., ירד in Juda, קין ebd., שלח (שותלח) in Efraim und Juda (?), נה (נוחה) in Benj., חנוך in R'uben, אברם (אבירם?) ebd., עשו (ישש?) in Benj. wie auch in Edom; vgl. קיץ und אדם in Benj., עבד אדם in Lewi, ארם in Aser, כנענה in Benj., ישמעאל ebd. u. a.], sondern auch die Wiederkehr derselben Familiennamen in verschiedenen Stämmen deutet auf die enge Verbindung derselben hin. So haben wir ימין in Benjamin, in den benachbarten Juda und Simeon, sowie in dem davon nur durch Efraim getrennten Menasse; דן in: Dan und den angrenzenden

Benjamin und Juda; יהודה in: Dan und (הדויה ?) Menasse; גד in: Gad, im angrenzenden Menasse, in Juda und Zebulon; שמעון in: Sime'on, Benj., Juda, Gad (שמע); אשר in: Aser, Menasse und Juda; מנשה in: Menasse und Juda; יוסף in: Issakar, Lewi (אביסף ?), Gad (אליסף ?), Benj. (אסף ?); יעקב in: Juda, Sime'on, Lewi (עקוב ?); דוד in Juda und Benj.; רם in Juda, Benj. und (אבירם) R'uben; זרח in Juda und Sime'on; גלעד in Gad und Menasse; שרי(?) in Benj. und Naftali; מישא (משי) in Lewi und Benj.; נבטן in Juda und Benj.; ארד in Gad und Benj. u. s. w.

Vergleichen wir nun noch die religiösen Verhältnisse der einzelnen Stämme mit einander! Die Vorstufen zur eigentlichen Religion haben die Hebräer wohl durchweg in ähnlicher Weise überschritten. Spuren von Naturkult zeigen die Eigennamen in Benjamin, Menasse, Gad, Naftali, Juda, Dan; von Fetischismus die in Benjamin, Menasse, Juda, Zebulon, Sime'on, R'uben, Issakar, Naftali. Hindeutungen auf Sternendienst finden sich in Juda, Issakar, Naftali, auf Totemismus in Benjamin, Juda, Sime'on, von Dämonismus in Benjamin, Aser, Menasse, Naftali (נחבי u. a), Juda, Sime'on, bes. שוע in Benjamin, Aser, Lewi, טוב in Benjamin, דוד (?) in Benjamin, Aser, Menasse, Naftali, Sime'on, Efraim. Von einzelnen Gottheiten sind hervorzuheben: Ba'al in Benjamin, Gad (בלע), Juda, Sime'on, R'uben, Dan, alle einander benachbart im südlichen Palästina, rechts und links vom Jordan; Molok in Benjamin, Aser (אלמלך, מלכיאל ?), Menasse (המלכת, מלכה) Sime'on, Lewi; רמון in Benjamin, Zebulon, Sime'on; קיש in Benjamin, Issakar, Lewi; נעמן in Benjamin, Juda (נעמה), Dan, alle nahe bei einander wohnend; אדר (?) in Benjamin; Dagon in Juda und Aser; Nebo in Re'uben; מולדה (?) in Sime'on und Juda; Saddai in Dan, Sime'on, Re'uben; עתר in Benjamin; 'Anat in Benjamin und Naftali; רישף in Efraim; חיר (?) in Aser (חרנפר) und Gad (חורי); sonst ist ägyptischer Einfluss zu vermuten in Naftali (אחירע?), Sime'on, Lewi, Issakar (אחרת ?) u. s. w.

Tafel I.
Der religiöse Zusammenhang der hebräischen Stämme unter einander.

	Reuben	Sim	Juda	Benj.	Lewi	Gad	Efr.	Menasse	Aser	Zebul.	Naftal	Issakar	Dan
Reuben		„	„	„	„	?						,	„
Simeon	„		„	„	„	„			„	„	,	,	„
Benjamin	„	„	„		„	„	„	.	„	„	,	„	
Juda	„	„		„	„	„	„		„	„			
Lewi	„	„	„	„		„	„		„				
Gad	„	„	„	„	„		„	?	„				
Aser	„	„	„	„	„	„	„						
Naftali	„	„	„	„	„	„							
Issakar	„	„	„	„									
Dan	„	„	„	„									
Efraim	„	„	„										
Menasse	„	„	„										
Zebulon	„	„	„	„									

Tafel II.

Das genealogische Verhältnis der hebräischen Stämme und Familien zu einander.

	Reuben	Efraim	Simeon	Benj.	Lewi	Juda	Issakar	Zebulon	Dan	Naftali	Gad	Aser	Menasse
Reuben													
Simeon													
Lewi													
Juda													
Issakar													
Zebulon													
Dan													
Naftali													
Gad													
Aser													
Efraim													
Menasse													
Benjamin													
Josef													
Jakob													
לאה													
רחל													
בלהה													
זלפה													
אשת													
Edom													

Verzeichnis der Druckfehler.

Seite	Zeile		statt		
4	11	v. unten	statt	Lensden — Leusden.	
5	15		"	סמוק — ספוק.	
5	4	v. unten	"	väterlichen — mütterlichen.	
6	21		"	Bleck 4 — Bleck⁴.	
8	25		"	so u. a. (Z. — (so u. a. Z.	
8	26		"	(s. unten) — (s. unten S. 25).	
9	9	v. unten	"	Janbi'd — Jaubi'd.	
11	20		"	Šabû'ôt — Šebû'ôt.	
21	19		"	Hetitern — Ḥetitern.	
23	3		"	theoforen — theophoren.	
24	16		"	Pesah. — Pesaḥ.	
25	12	v. unten	"	cf. — f.	
26	11		"	Nahr — Naḥr.	
26	7	v. unten	"	ילין — ילין.	
27	8	v. unten	"	Johwe — Jahwe.	
28	14		"	hydrologischen — hydrographischen.	
31	25		"	Ethymologie — Etymologie.	
32	5	v. unten	"	Jesana — Ješana.	
34	21		"	— — —.	
39	14	v. unten	"	Pesah. — Pesaḥ.	
40	13		"	Misna — Mišna.	
40	17		"	Ἰχθύς — Ἰχθύς.	
42	8		"	Spekulationen — Spekulation.	
47	14	v unten	"	Šemaj'ah — Šema'jah.	
52	13		"	Blitzestrahlen — Blitzesstrahlen.	
58	11		"	nur — nun.	
58	11	v. unten	"	dem — den.	